领导力没有秘密
从执行到战略的进阶

姝 含◎著

中国铁道出版社有限公司
CHINA RAILWAY PUBLISHING HOUSE CO., LTD.

北京市版权局著作权合同登记　图字：01-2023-3991号

图书在版编目（CIP）数据

领导力没有秘密：从执行到战略的进阶 / 姝含著. —北京：中国铁道出版社有限公司，2023.10（2023.11重印）
ISBN 978-7-113-30421-8

Ⅰ.①领… Ⅱ.①姝… Ⅲ.①领导学 Ⅳ.①C933

中国国家版本馆CIP数据核字（2023）第138756号

书　　名：	领导力没有秘密——从执行到战略的进阶
	LINGDAOLI MEIYOU MIMI: CONG ZHIXING DAO ZHANLÜE DE JINJIE
作　　者：	姝　含

责任编辑：	马慧君	编辑部电话：	（010）51873005
编辑助理：	韩振飞	电子邮箱：	zzmhj1030@163.com
封面设计：	仙　境		
责任校对：	刘　畅		
责任印制：	赵星辰		

出版发行：	中国铁道出版社有限公司（100054，北京市西城区右安门西街8号）
网　　址：	http://www.tdpress.com
印　　刷：	河北宝昌佳彩印刷有限公司
版　　次：	2023年10月第1版　2023年11月第2次印刷
开　　本：	710 mm×1 000 mm　1/16　印张：16　字数：212千
书　　号：	ISBN 978-7-113-30421-8
定　　价：	69.80元

版权所有　侵权必究

凡购买铁道版图书，如有印制质量问题，请与本社读者服务部联系调换。电话：（010）51873174
打击盗版举报电话：（010）63549461

推荐序

领导力从来都不是纸上谈兵，而是实实在在的业绩结果——在我与姝含一起工作的九年间，全员领导力提升所带来的业绩提升证明了这一点。

我本人在卡地亚工作33年，带领卡地亚远东区和北亚区从0到1、从1到100发展至今，其间最艰难的是组织不断发展壮大过程中的人员管理。姝含加入卡地亚时正值奢侈品行业大发展阶段，各级领导者的个人业务水平一流，但不会带团队的现象很普遍，整个行业的人才发展还停留在产品知识培训和服务技巧提升的初级阶段。

姝含的加入像一剂强心针，为企业带来了完整的领导力发展体系。她的研究和实践遍及企业管理的不同领域和层面，为企业在远东区和北亚区建立了完善的组织发展体系和员工发展平台。她积极推动的组织扩张及变革，使卡地亚在她任职期间成为奢侈品行业组织和人才发展较快的企业之一；她领导的接班人计划、管理培训生计划、中层管理人员发展计划等，为企业的业绩增长奠定了领导力基础。

而领导力发展的结果，除了卡地亚持续稳定的业绩提升，我们还能看到，当年姝含培养出的众多优秀领导者今天已经成为奢侈品行业的中流砥柱，她本人也被整个行业视为不可多得的领导力专家。

荀子在《劝学》中说："登高而招，臂非加长也，而见者远；顺风而呼，声非加疾也，而闻者彰。"领导者在他们的职业生涯发展中要想"见者远"和"闻者彰"，除了个人努力"登高"和"顺风"，能得到姝含这样的专家的真传无疑是捷径之一。

欣闻姝含把她几十年的领导力发展经验写成书，我相信是所有急需提升领导力的企业和领导们的幸事。

陆慧全
卡地亚北亚区行政总裁

自 序

在过往三十多年的领导力实践和研究中,我发现很多企业管理者的领导力水平还处在理论大过实践的阶段,所以经常听到吐槽"懂了很多道理还是带不好团队"。

究其原因,我看到以下两个方面的明显缺失:

第一,在部分领导者的头脑中,领导力是不成体系的。他们可能知道某一个领导力理论,但零散的理论还没有形成方法论。

第二,就已经知道的领导力理论而言,有些领导者还是找不到方法和工具。

基于以上的观察和发现,本书有以下四个特点:

第一,帮助读者构建领导力的框架体系:本书以领导层级为线索共分三个部分,分别针对不同层级的领导者给出不同的理论框架和实践工具。在每一部分的开始,先展示一个俯瞰全局的模型,然后每一模块提供一个领导力工具或表格,让读者不论是企业创始人还是各级领导者,都能拿来就用、用了就有结果。

第二,初级领导可以先学习第一部分的内容,也可以通过学习第二部分为未来做准备;中级领导除了可以运用第二部分的工具外,前后两个部分的内容还可以帮助中级领导带好团队和看清自己未来的方向;对于高级领导和企业创始人,本书完全可以作为工具书提升领导力水平。同时不论是谁,都有可能遇到生涯发展的困扰，本书最后一章提供的生涯管理理论和工具可以帮助读者在管理企业的同时，梳理自己的职业生涯。

第三，每一模块都遵循"痛点场景—理论篇—方法篇—实践篇—小贴士"的逻辑展开，让读者既可以按顺序阅读，又可以像查字典一样随时找到想读的内容，并获取相关资料。

第四，书中的很多示例本身就是可以直接用于企业管理实践的工具和文本，读者稍加修改就能用在自己的工作中。

学习和成长是一个由简到繁再由繁到简的过程。

如果你觉得自己领导力不足，本书中每一模块都提供了一个模型或工具，你可以先尝试用这些模型和工具解决工作中与"痛点场景"类似的问题。正所谓"把书读厚"。

如果你已经是领导力高手，其实所有方法的背后是一整套领导力方法论。你可以基于自己对"方法论"的理解，调整"方法"的展现。正所谓"把书读薄"，大道至简。

希望本书能为各级领导者解决管理中的挑战和困惑，成为日常管理的助手。

姝含

2023 年 3 月

前　言

> 太上，不知有之；其次，亲而誉之；
>
> 其次，畏之；其次，侮之。
>
> 信不足焉，有不信焉。
>
> 悠兮，其贵言。
>
> 功成事遂，百姓皆谓："我自然"。
>
> ——老子《道德经》

这是《道德经》中对领导力的经典描述，大致意思是：

最好的领导，人们并不知道他的存在；其次的领导，人们亲近他并且称赞他；差一点的领导，人们畏惧他；更差的领导，人们蔑视他。领导的诚信不足，人们就不相信他。最好的领导是悠闲的，他很少发号施令。事情办成功了，老百姓都说"我们本来就是这样的"。

本书旨在帮助领导者搭建领导力的框架，并由远及近、由大到小地细分和拆解这一框架中日常工作常用的方法和工具。

我们先从领导力框架入手：组织领导力全景模型一目了然地展现了各级领导者在组织中的角色和工作重点。

◎ 高级领导关注战略：高级领导的所有决策都应该与组织的业务目标

和人才战略密切相关。
- ◎ 中级领导关注绩效："绩效"不仅包括完成数字，更包括关注组织和员工的持续发展。
- ◎ 初级领导关注执行：从成为领导的第一天开始，"执行"就意味着带领团队实现目标，而不再是靠自己的专业技术能力一枝独秀。

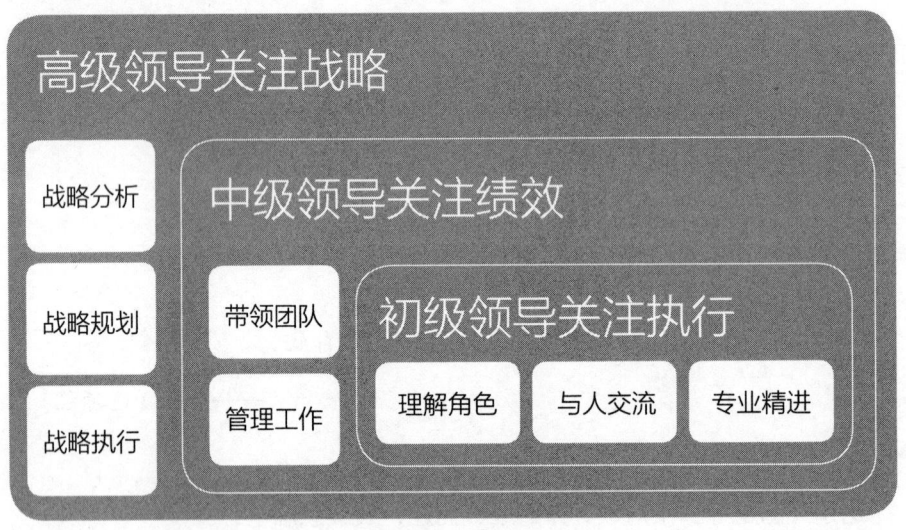

组织领导力全景模型

本书将从初级领导应该具备的基础领导力开始，将组织领导力全景模型拆解为三个中景领导力模型：

- ◎ 初级领导：开启领导力之门模型。
- ◎ 中级领导：领导工作结构模型。
- ◎ 高级领导：组织人才战略俯瞰模型。

每一部分的开篇都会出现这三个中景领导力模型，并在进一步的细化和拆解中帮助领导者找到日常工作需要用到的领导力理论、方法和工具。

目 录

第一部分　初级领导篇

第一章　理解角色
　　明确角色：工作说明书帮你看清角色 / 004
　　分清责任：不该背的"锅"坚决不背 / 011
　　建立信任：一个公式实现"人心可测" / 017

第二章　与人交流
　　有效沟通：GROW 模型帮你事半功倍 / 024
　　及时反馈：随时随地用 STAR 点亮人际关系 / 031
　　充分授权：放开手你才有机会做更重要的事 / 036

第三章　专业精进
　　管理要务：取舍之间尽显张弛有道 / 044
　　解决问题：PROBLEM 模型助你解决问题 / 050
　　定期复盘：强化你的学习能力 / 060

第二部分　中级领导篇

第四章　带领团队

能力模型：让激励和发展不再是空谈　/ 070

选拔人才：CBI 让面试准确找到人才　/ 075

辅导下属：三个方法让辅导从负担变成催化剂　/ 087

激发动力：找到打动员工的方法　/ 097

发展员工：除了培训，员工发展还能做什么　/ 105

第五章　管理工作

制定决策：ICONIC 让决策有理有据　/ 114

发挥影响：五大策略扩大你的影响力　/ 121

应对变革：找到不变才能应万变　/ 127

管理绩效：一张图概括绩效管理的全貌　/ 134

第三部分　高级领导篇

第六章　战略分析及规划

战略分析：站在全局的角度思考组织战略　/ 146

组织文化：四大维度让"文化"不再空泛　/ 151

组织能力：高效实用的组织能力　/ 159

组织诊断：六大要素帮你诊断组织和团队　/ 167

组织发展：组织发展四支柱体系　/ 176

第七章　战略执行

　　梯队计划：不同的人才发展途径　／184
　　选育用留：借助测评看清你的团队　／191
　　系统思维：系统决定行为　／200

第八章　生涯管理

　　制胜职场：情商的重要性　／208
　　职业瓶颈："彩虹图"梳理你的生涯重点　／218
　　突破极限："价值论"助力深层自我觉察　／226
　　生涯转换：4S 理论助你一臂之力　／236

> 第一部分

初级领导篇

在成为领导者之前,你的成功只同自己的成长有关;
在成为领导者之后,你的成功都同别人的成长有关。

—— 杰克·韦尔奇

初级领导是指那些在工作中被正式或非正式赋予了领导责任，需要带领团队成员完成工作任务的人。初级领导可能是一个 3 人工作小组的组长，可能带领一个 10 人的团队或管理一条生产线，也可能没有正式的"官衔"或没有进入组织的"管理层体系"。但只要工作中需要带领别人完成上级指派的任务，在这里就被定义为"初级领导"。

本部分主要帮助初级领导厘清角色，并提供一些容易上手的管理工具。

开启领导力之门模型描绘了初级领导日常工作的三大维度：理解角色、与人交流和专业精进。接下来的三章就是对这三个维度的进一步诠释。

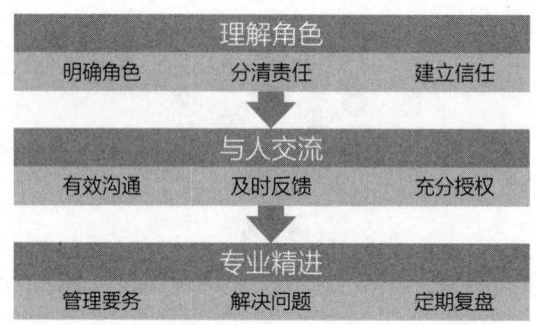

开启领导力之门模型

理解角色

成为领导的第一步是了解新旧角色的区别。在开启领导力之门模型中,理解角色包含三个方面的内容:

(1)明确角色:很多初级领导在担任领导工作之初最容易走进的误区,是不了解新旧角色的根本区别。他们会更勤奋地完成具体的工作,而不是帮助下属成功。本模块介绍的工具是工作说明书,它帮助初级领导明确新岗位存在的价值和具体的工作范畴。

(2)分清责任:"替下属承担错误"是初级领导容易走进的另一个误区。本模块介绍的工具是岗位工作职责表格,它帮助初级领导与下属一起制定工作标准,各司其职、各担其责。

(3)建立信任:毫无疑问这是所有领导都面对的挑战。本模块介绍的"信任等式"为领导们在新的岗位上获得下属的信任提供了思考方向和切入点。

明确角色：工作说明书帮你看清角色

痛点场景

安然参加工作后非常努力，在入职一段时间后就被提升为主管，管理一个5人小组。团队里都是和他差不多岁数的年轻人，平时大家嘻嘻哈哈、打打闹闹，关系十分融洽。所以他升职之后除了一如既往做好本职任务之外，就是努力做好上传下达的工作。

大家相安无事过了几个月，他发现老板好像对他越来越不满，他认为自己比做主管之前忙了很多，不仅要做好自己的本职工作还经常替团队和下属补台。他不明白问题出在哪里，又不好意思问老板。

思来想去他觉得问题可能出在自己在工作中不好意思管下属，于是转变了管理风格，看到下属有做得不好的地方就批评并要求改正。他仔细回想之前他的主管也是这样要求自己的，但一段时间下来本来关系不错的几个下属也开始疏远他。

理论篇

很多初级领导因为不了解新旧角色的差异而事倍功半，所以这一模块就从最入门的话题谈起：什么是领导？

网上关于"领导"可以找到很多定义，有一个定义非常直白：领导就是通过指引或影响别人达成目标的人。换言之，一个人第一次被提拔成领导多是因为自己的工作做得好，可是从成为领导的第一天开始他的工作内容就变了，作为初级主管他可能还有很大一部分的工作跟以前一样，但一定多了一个职责叫作"管理"。

新的职责需要初级领导具备一整套不同的思维和能力，而这些思维和能力未必体现在过往的工作中。换句话说，一个好的员工未必能够自然而然地变成一个好的领导。

比如，一个人在成为父亲之前很优秀，但如果希望成为优秀的父亲，所需要的观念和技能是不一样的。很多人在生孩子之前就意识到这一点，所以各种线上线下的"孕妇学校"非常盛行，而且有很多夫妻一起去学习，因为他们知道将要学习和用到的知识是他们过往的人生中缺少的。

反观职场，很少有人在成为领导之前有机会系统地学习领导力的知识。如果这个时候他们没有意识或没有机会进行系统的领导力学习，他们能模仿的对象就是曾经的领导。那如果他们曾经的领导也是一路自学成才成长起来的呢？

部分领导力基础不够扎实的高级领导，他们也想把工作做好，但薄弱的基本功使他们的很多管理行为是变形的，造成的结果是：大环境好的时候业绩怎么做都好，员工满意度不高也不要紧；可是如果大环境的不确定性增加，很多"领导力先天不足"的缺陷就逐步显现了出来。

说回初级领导，在角色改变的第一天，你的上级就应该告诉你领导的角色跟以前有什么不同，为了适应这一角色你需要做哪些工作，为了把工作做好你又应该具备哪些能力。这些不同的工作内容，就体现在工作说明书中。

方法篇

工作说明书是岗位分析之后的产出，是对工作岗位的具体描述文件。它通常包括以下几个部分的内容：

（1）岗位名称：这个岗位叫什么名字，比如"财务总监""销售经理"

"行政专员"等。

（2）职级：岗位在组织架构中的位置，多数组织会用自己的内部分级来标示职级，比如"经理"的岗位分5个职级，有些组织直接用M1~M5来表示。

（3）汇报线：岗位上级的岗位名称。

（4）职责：岗位存在的意义或价值，要简短并且明确，一般不超过三句话。

（5）主要职责范围：岗位所涵盖的工作大类，一般4~7个，不是级别越高，主要职责范围就越多。主要职责范围太少可能是工作量不饱和或工作重复性太强，主要职责范围太多可能会在实际工作中失去方向或丢掉重点。

（6）任职资格：基本的学历和经验要求。通常在招聘时有一定的指导作用，但多数企业不会拿它来限制内部调派和晋升。

相同的工作岗位只需要一个工作说明书。比如一家公司的销售团队在国内分四个大区，每个大区有一个区域销售经理和十个销售员，那这家公司的区域销售团队只需要区域销售经理和销售员两个岗位的工作说明书。

实践篇

上面提到的销售经理和销售员这两个岗位存在于大多数组织里，下面就以这两个岗位为例做两份工作说明书供读者参考。

示例1：

岗位名称：区域销售经理

职级：M2~M3

汇报线：全国销售总监

职责：通过优化现有销售网络、发展新渠道和提升客户体验，实现区域销售目标，维护品牌形象。

主要职责范围：

（1）营销管理

- 定期向营销部提供市场资讯及销售预测。
- 分析和评估各产品线的市场销售状况并向营销部提出建设性反馈。
- 配合所在商场或商圈的各种营销活动。
- 为销售人员和经销商提供产品知识及必要的培训。

（2）运营管理

- 确保现有店铺和渠道运作顺畅，包括但不限于：各种规章制度执行到位。
- 确保自营店和经销商的合理库存，包括全线产品及陈列物料。
- 确保客户服务符合品牌标准。

（3）新渠道/新客群开发

- 及时发现、分析并汇报新的销售机会。
- 定期统计并汇报竞争品牌信息。
- 随时发掘新渠道、新客户，建立并强化客户关系。
- 定期完善客户关系管理和客户资讯系统。

（4）团队管理

- 确保团队的人员配置合理及在岗。
- 定期为员工提供辅导和支持。

任职资格：每个组织不太一样，这里不做示范。

从这个例子可以看出：工作说明书中的主要职责范围是工作的大类和每

一类项下的工作方向。也就是说,工作说明书上不会出现主要业绩指标(Key Performance Indicators, KPI)或目标及主要结果(Objectives & Key Results, OKR)以及达成目标所需要采取的行动。不同行业不同组织的做法也不尽相同,业绩指标一般会出现在年度或季度计划中;而达成目标所要采取的行动应该是员工自己每月提交给团队的。

示例2:

岗位名称:销售代表

职级:P1~P3

汇报线:区域销售经理

职责:通过维系和强化客户关系、宣传和推广公司产品,实现个人销售目标,维护品牌形象。

主要职责范围:

(1) 完成销售任务

⊙ 按公司标准服务现有客户并开发新的销售机会。

⊙ 定期在客户关系管理和客户资讯系统中输入客户信息,并以客户能接受的方式保持联络。

⊙ 熟练掌握销售技巧和产品知识,满足客户需求。

(2) 品牌维护

⊙ 时刻保持对市场的敏锐度,发现商机。

⊙ 定期收集市场数据。

⊙ 针对自己所负责的市场和客户提出合理化建议。

(3) 按公司标准运营所负责的店铺或渠道

⊙ 认真执行公司的各种规章制度,确保所负责的店铺或渠道运作顺畅。

⊙ 有效管理库存，包括全线产品及陈列物料，在库存系统报警之前及时补货。

⊙ 确保客户服务符合品牌标准。

（4）其他

⊙ 保质保量完成临时交办的任务。

⊙ 面对多变的市场保持敏锐。

任职资格：每个组织不太一样，这里不做示范。

岗位工作说明书就像一个岗位的"户口本"，如果这个岗位的工作内容、汇报层级、主要职责范围等都没变，那岗位说明书是不需要随时更新的，一般两到三年在人力资源部门的组织下更新一次就好。很多组织的绩效目标是以年为单位调整和更新的，有些组织则以季度为单位更新，这不会影响到工作说明书。

看完两个工作说明书的范例，回到本模块开头的案例，我们来看看安然可以做些什么让他的角色转换更顺利。

他在上任之初需要做这样几件事：

（1）找到自己新岗位的工作说明书，理解新的岗位跟从前工作的不同点。

（2）带着自己对新岗位的认知与上级进行一次正式的辅导谈话，确保双方对他的新角色认知一致。

（3）在这次谈话结束的时候至少明确三件事：接下来一个月的具体工作目标，实现目标的步骤或行动，以及如何衡量目标是否实现。

（4）刚开始一个新的角色最好每天自我反省，每周以非正式的方式简单跟上级聊几句目前工作的进展，不要等到一个月之后目标没达成或做法出了偏差再汇报。

（5）如果有可能，找一个在相同职位上比较有经验的同事，随时借鉴经验。很多组织鼓励这种互助行为,这个同事也有个约定俗成的名字叫"伙伴"。

(6)安然还可以向团队里自己的下属寻求反馈。

小贴士

这里之所以强调安然自己要做的事,是因为每一个人都应该对自己的成长负责。但这不等于在下属成长的路上上级可以不承担责任。工作中经常听到很多领导抱怨:"他这么大个人还需要我教吗?"答案是:需要。领导要对下属的成长承担责任,特别是对那些刚被提升的初级领导。所以,以下是他们的上级可以采取的行动:

(1)在下属履新的第一天,除了向团队宣布他/她升职的消息并向本人表示祝贺,还要同他/她一起讨论新岗位和责任,并达成共识。

(2)如果平时辅导下属的频率是每月一次或更长时间一次(我们会在第四章的辅导下属模块讨论这一话题),建议加大辅导的频率。

(3)如果发现他/她做得不好,请随时跟他/她总结和复盘,但千万要控制住自己替他/她做的欲望。

(4)如果他/她的员工向你表达对他/她的不满,尝试鼓励员工自己去反馈,而不是变成员工投诉的消息中心。

以上说起来容易,真正做到需要智慧、勇气、耐心和真诚,最重要的是需要本书中提到的整套领导力观念和技术。

分清责任：不该背的"锅"坚决不背

痛点场景

毕磊工作了一年半之后，因为表现突出被提拔为出纳团队的主管。出纳团队一共两个人，也就是说，升职之后他成了另一个同事小赵的上级。小赵是个热情开朗的姑娘，大家一直相处得很好，对于毕磊的升职小赵也没有什么意见。

可是最近小赵频繁出错，而且在毕磊看来都是非常低级的错误：比如有一次老板发了份文件，毕磊让小赵去打印并寄给客户。没想到客户收到之后直接找到老板，开玩笑说，你们公司是不是没钱买墨盒了，原来文件每一页的最后一行都没打上去，小赵没看就直接发出去了。虽然老板也没追究，但毕磊觉得无论如何是自己团队出了错，他就主动向老板道歉，并自己付了第二次寄文件的快递费。

没过几天，公司要给另一个客户开发票。客户要求把发票和支付明细一起寄出。这是小赵的工作，而且这个工作流程她十分熟悉。可是客户方的财务告诉毕磊，发票收到了但没有支付明细。毕磊去跟小赵核实，小赵很抱歉地说她忘了打印支付明细。毕磊想来想去不好意思让客户打印，就自己打印并垫付快递费给客户寄了过去。

事情过去没多久，负责合同的同事找到毕磊投诉，说他要出差几天，就把一式两份客户已经盖章的合同委托给小赵，请她盖好章之后，留一份等他回来存档，另一份连同小赵给客户开的发票一起寄给客户。结果他收到客户的消息：两份双方都盖好章的合同一起寄回给了客户。重点是当事人问小赵是不是两份合同都寄给了客户，小赵回复："不好意思，另一份放在旁边，可能是快递员装的时候一起放进去了。"

事情都不大，但毕磊觉得他不应该一直替小赵"善后"，但他又怕说出来小赵觉得他小题大做。

理论篇

这是大多数初级主管都会遇到的工作难题：员工不断在简单的工作上出错，批评显得自己小题大做，不批评员工根本不知道要改进。很多领导把这种现象归结为员工粗心或没有责任心，可又对"粗心"和"没有责任心"这两件事一点办法都没有。加上自己也是新领导，不想得罪人，只能不断"善后"。

很多领导执着于改变或提升员工的工作态度。事实上，要想改变别人的想法和态度是一件非常难的事情。不要尝试去改变别人内心看不见、摸不着的东西，而是把那些你不满意的"积极性""主动性""责任感"变成你想看到的行为，并规范行为的最终产出或工作标准。也就是说，你想改变员工态度的根本目的是想提升绩效，那就直接改变能带来绩效的具体行为并明确绩效的衡量标准。

方法篇

那初级领导到底能做什么来帮助员工建立责任感，最终提升绩效呢？这里没有一个统一的方法，而是要因人因事而异。就以毕磊的困惑为例，建议和小赵一起列出一个她手头所有工作的清单，这个清单包含以下内容：工作大类、具体工作任务、完成标准、注意事项、利益相关人、汇报周期等。

读者可以根据自己所面对的具体工作状况和挑战增加或删改这个清单里的内容，以帮助领导和下属明确各自的职责，在工作中各司其职。如果员工真的没做到或有疏漏的地方，要自己想办法补救，哪怕只是一个快递费都能让员工在之后的工作中提醒自己。

下表是毕磊和小赵一起做出来的出纳工作职责汇总，供读者参考。

岗位工作职责（示例）

工作类别	项目	工作内容	频率	计划完成时间	工作标准
报税	1	核对上月开具发票的客户和金额，进行电子申报税，打印发票汇总表，将汇总表、上一月的凭证和回单交财务经理	每月一次	每月第五个工作日之前	发票不遗漏，金额无错误，与开票系统的月度汇总表一致
货币资金管理	2	根据备用金的余额及时准备，填好支票申请领用单交财务经理审核，银行支票盖章后去银行提现	根据库存现金余额制单取现	取现一个工作日之内	支票信息、金额无错误，字迹清晰无涂改
发票管理	3	根据开票信息确认开票客户的名称、税号、银行账号及地址电话等资料，确认需要开具的发票金额和税率，开票并登记	根据客户需要	一个工作日之内	票面信息完整准确，符合要求及客户可能提出的特殊要求。打印清晰，所有文字及数字无模糊或歧义
合同管理	4	在合同上备注已开发票的金额和日期，方便查看该合同是否已开完全部合同金额	根据合同约定时间	开票后24小时之内	备注清晰、完整、准确

这里只截取了他们工作表格的一部分，下面附上完整表格。

第一部分　初级领导篇　013

岗位工作职责表

工作类别	项目	工作内容	频率	计划完成时间	工作标准	开始前需要与谁确认	结束后需要向谁报备	自我检查	经理跟进
	1								
	2								
	3								
	4								
	5								
	6								
	7								
	8								
	9								
	10								
	11								
	12								
	13								
	14								
	15								
	16								

实践篇

以上这个案例是针对态度和工作标准的解决方案。管理中还会遇到另外一种状况：员工态度好，就是效率低。领导确定是员工能力的问题，却又不知道怎么跟员工说，最后只能直接上手帮员工了。

有位老板也遇到过这样的挑战：他的助理工作非常努力，每天在公司工作近12个小时，但效率极低，拿出的工作结果也乏善可陈。他非常清楚是助理工作能力的问题，但他不知道如何把"能力"这个无人不知的概念表述清楚，更担心就算能表述清楚会不会伤了助理的自尊心。

关于能力，我会在第四章介绍如何清晰表述和衡量一个人具体的能力，如何在招聘面试中精准辨识应聘人是否具备组织需要的能力，如何提升员工的能力，以及能力发展到底如何实施。

回到助理的案例，解决方案仍然是一张工作任务清单，只不过在这个表格中，老板跟助理明确的不是工作标准和注意事项，而是她完成每一项工作所花的时间。从每项工作所花的时间上，老板和助理可以进一步探讨造成工作效率低下的原因，多数情况下助理会自己承认能力的不足并找到提升的途径。

工作效率管理表

工作类别	项目	工作内容	每月频率	每次完成所花时间（小时）	每月总计用时（每次用时 × 每月频率）
	1				
	2				
	3				
	4				
	5				
	6				
	7				
	8				
总计工作用时					

这张表格让助理自己完成第一稿。当时老板有个顾虑：万一助理自己把第五列"每次完成所花时间"刻意拖延太长怎么办？比如别人花一个小时能做完的事情，她写了一个半小时，那老板该不该"戳穿"她？其实就算她刻意拖延，拖延的过程就是她自我反省的过程，她明知道别人完成这项工作只需要一个小时，当她落笔写下一个半小时的时候，她一定知道原因是什么。而且她可以把一个小时的工作拖延到一个半小时，但不能再长了，因为她比谁都知道明显不合理的工作时间，本身就已经承认了自己能力不足。

果然，助理做完第一稿之后两个人都吓了一跳：在"每次完成所花时间"被适当拖延的情况下，助理自己算出来每个月的工作量是 117 个小时，比正常每月 21 个工作日 168 小时工作量少了近 1/3，还不算她几乎每天都超时工作将近 4 个小时。

接下来两个人的谈话就围绕是什么原因造成目前的工作困境，助理跟老板分享了她在上一份工作中几乎没有机会提升办公软件应用的技巧和能力，可是现在的工作需要大量的制表和完成演示文稿，她感觉非常吃力，效率低下之余还没有配备笔记本电脑，公司的文件又不允许在私人电脑上完成，她只能每天加班，可做出来的结果还是差强人意。

谈话进行到这个阶段，解决方案已经呼之欲出了：助理自己承诺三个月之内自学办公软件并通过认证考试，老板帮她解决了笔记本电脑。

虽然这个案例中的领导级别高，但下属明显是员工，而且面对的问题和毕磊所面对的挑战类似，所以还是放在初级领导篇里给读者们讲解。

细心的读者一定发现了：以上两张表格的前四列完全一样。没错，它们的模板就是同一张表格，只不过为了实现不同的目的，里面的内容可以拆开也可以合并。读者可以自己动手根据实际工作的需要进行调整。

最后还要提醒像毕磊一样的初级领导们，选择帮团队成员承担错误绝不是一个发展团队或团结同事的好方法。当一个人对一件事没有全部责任的时候，他就有可能粗心，没有积极性、主动性或责任感。领导帮员工承担错误只能让员工越来越没有责任感，还会阻碍或延缓员工能力的提升。只有分清责任，员工尽职尽责并达成约定的工作标准，领导从旁提供协助，才能真正实现绩效和能力双提升。

建立信任：一个公式实现"人心可测"

痛点场景

这是一家传统的工业制造企业，业务非常复杂分工也特别细，甚至在组织内部员工之间也经常用"隔行如隔山"这句话来形容他们各自专业的不同。蔡晓在这家公司的甲部门工作了三年半，业绩很好，老板也很器重他。当时乙部门刚好缺一个主管，老板觉得他能胜任就给了他这个机会。两个部门都是做研发的，但就像前面讲到的，因为分工太细，两个部门的具体业务还有所不同。蔡晓当时有点纠结：一方面他很珍惜升职的机会，也希望学习乙部门的业务；另一方面他听说乙部门出了名的难管理，他觉得自己不是个擅长人际关系的人，担心因为太多人际关系的困扰影响了自己专业的精进。

各种机缘巧合之下蔡晓还是接受了这个挑战，他在新的岗位遇到了以下困难：

（1）在过去将近两年的时间里因为频繁换主管，整个团队涣散、绩效也不好。

（2）团队成员对每一任新主管都抱着不得罪也不支持的心态，对新主管建议的改进措施最常说的一句话就是"我们从前不是这样的"。

（3）公司员工普遍工龄比较长，团队里就有两位比蔡晓年纪和资历都老的员工，其中一位还对换了好几任主管都不提拔他有自己的想法。

（4）蔡晓精通甲部门的业务但不熟悉乙部门的业务，他自己感觉完全上手至少需要半年的时间，但这半年的时间里他没有办法给到下属有效的业务建议。

对于一个初级主管来讲，虽然团队不大，但面对这么多来自团队和个人的挑战，他疲于应付也是可想而知的。

理论篇

这个案例从上来说，关乎组织文化；从中来说，关乎蔡晓的老板在他升职前后提供的帮助；从下来说，关乎蔡晓能否帮助团队成员快速建立对自己的信任以及对整个团队未来的信心。而团队的信心某种程度来自对新领导的信任。

信任是人与人之间一个非常有趣的连接，它存在的时候一切都很顺利，而它不存在的时候你会举步维艰并且知道它有多重要了。

在领导力课堂如果讲到信任的话题，我会跟学员做这样一个练习：

第一步让他们想着一个他们信任的人，这个人既不是名人也不是亲人，因为我们未必知道名人日常生活中的样子，而我们和亲人之间的信任某种程度上来自亲情或爱情。换言之，这个被我们信任的人最好是我们曾经认识或共事过的同事、同学、朋友、业务伙伴等。

第二步邀请学员说出他们心目中那个值得信赖的人有哪些特点，多数情况下会得到以下的描述：

（1）邻居、曾经共患难……

（2）正直、可靠、公平、客观、专业、有能力、言出必行、顾全大局……

（3）聆听、有耐心、躬身入局、身先士卒、以身作则、关心别人、理解别人、重视别人、帮助别人、体谅别人……

这些特点通常是以无序的方式被提到的，所以第三步我会和学员一起把它们分成以上三类，分类的目的是在下面的第四步对照自己的特点和行为。很明显，以上的第一类很少在工作环境中出现，第二类是对个人特质的描述，第三类是与下属和团队互动的行为展现。

第四步我就会要求所有学员从第二类和第三类的描述中找出自己最有优势和最具挑战的特征和行为，后面的分析和行动计划就是水到渠成的事。

这是一种非常直观的定性分析，它的好处在于从每个人自身的理解出发，不需要一个更有权威的人指出我们身上的缺点和不足，每个学员都能从自己对信任的理解中找到自己的优势和不足，当然也不存在"别人说我不好可我不认同"的状况。但这种做法比较适合在领导力的课堂上展开，对象最好是中级以上的领导，以保证讨论产出的丰富性、深刻性、完整性和逻辑性。

方法篇

还有一个定量分析也很好用并且适用于大多数人群。这是很多咨询公司和大企业都会用的一个信任等式，它出自管理学家大卫·梅斯特的著作《值得信赖的顾问》一书：

$$信任 = \frac{可信度 + 可靠度 + 亲切感}{自我导向}$$

如果读者有兴趣深入了解这本书的内容可以找来学习，这里简单解释一下这个公式的四个要素和具体用法。

（1）可信度：你在别人眼里的专业程度是否值得信赖。

（2）可靠度：在别人看来你是否言行一致，以身作则。

（3）亲切感：别人愿不愿意跟你交流，特别是与你谈论困难或棘手的问题。

（4）自我导向：别人觉得你是否只关心自己的利益或自视甚高。这个元素与信任负相关，所以是等式中的分母。

以上对每一个要素的描述都是站在"别人"的角度，也就是说信任等式不是自己给自己打分，而是别人打分。换句话说，信任等式算出来的，是打分那个人的内心感受，而不是被打分的人身上的一个标签。这也正是"信任"

比较主观的体现。

这本书主要从服务客户的角度展开，所以书中举的例子也是在客户的眼睛里顾问是否值得信赖。这里我们在讲领导力，建议读者直接把"客户"换成"员工"，这个等式仍然好用。

虽然一直有人在质疑这个等式，我们至少能够基于对这四个元素的分析，找到自己被别人信任或者不被信任的某些原因。

实践篇

蔡晓也同意"从信任入手"的观点。接下来，他做的第一项工作就是从每一个团队成员的角度出发为自己的信任值打分，从不同人的角度打分，结果也会存在不同。

（1）小W是团队里的资深员工，业务熟练，也自认为应该成为团队的主管。经历了几轮主管的更替之后，既心有不甘又心灰意冷。蔡晓觉得他最有可能给出的信任分是:（可信度3+可靠度3+亲切感4）/自我导向6 = 1.7分。

（2）小X也是团队的资深员工，为人随和跟大家关系都挺好。他也曾经想过以他跟同事的关系做主管应该没问题，但看到过往一年多团队的状况，他也知道主管工作的难处，所以他并没有太排斥公司再派一个人来。蔡晓觉得他最有可能给出的信任分是:（可信度4+可靠度5+亲切感5）/自我导向5 = 2.8分。

（3）小Y是团队里实际做工作最多的一个成员，只要不是高难度的案例他都能解决。他知道如果团队里要提升一个主管暂时轮不到他，况且他的志向也不在这个团队，他希望在目前的岗位上历练几年，将来有机会在组织内部换一个工种学习更多的技能。他跟过去几任主管都处得不错，当然最主要的原因是他工作很踏实。蔡晓觉得他最有可能给出的信任分是:（可信度4+可靠度7+亲切感7）/自我导向3 = 6分。

（4）小 Z 是团队里最年轻的员工，有想法有干劲也有脾气，听说跟前几任主管偶尔有冲突，需要注意的是不喜欢公事占用他的私人时间，所以一般不主动加班，强制加班他会有情绪。蔡晓觉得他最有可能给出的信任分是：（可信度 4+ 可靠度 5+ 亲切感 5）/ 自我导向 4 = 3.5 分。

根据以上打分蔡晓总结了一下自己所面对的现状：

好消息是团队里可能最信任蔡晓的是实际产出结果最多的小 Y；

坏消息是资历深和资历浅的员工都是挑战；

令团队成员信任蔡晓的要素最有可能是亲切感；

团队成员最有可能不信任他的原因是他在新岗位的专业技能（可信度），以及大家不确定他能不能为大家着想（自我导向）。

当然以上的分数并不是让团队成员打出来的，而是蔡晓尝试站在四个团队成员的角度进行的合理推测和预判，所以由分数得出的结论也只能指引一个大概方向。

接下来，蔡晓要做的事情毫无疑问就是制订行动计划赢得团队成员的信任。他的行动计划包括：

（1）针对团队成员可能怀疑他的专业技能：一方面他只能尽快学习让自己短期内成为专家；另一方面就算暂时还不是专家，他仍然有能力辅导员工，因为这里强调的辅导技术不是告知而是启发思考。这样在他个人的专业知识和技能不能解决所有技术问题的情况下，他仍然能带领整个团队超越工作目标。

（2）针对团队成员可能不确定他是不是能为大家着想：他一方面寻求上级的帮助，为团队争取了一些特殊政策；另一方面只要团队有小小的进步和成绩，他都把鼓励和认可给到其他团队成员。一段时间之后团队成员都在不同程度上认同他。

（3）针对团队成员可能觉得他的亲切感还不错：他的目标是把"亲切感"

这个要素的打分从平均5分提高到7分，为此他要求自己做到遇到团队成员绩效不良或行为需要改善时，首先不是批评而是思考是否自己思考不周全或支持不够，然后和团队成员一起找到问题的根本原因及解决方案，并共同承担责任。几件小事下来，大家对他放下了戒备，越来越愿意跟他说心里话了。

（4）针对小Y有可能是整个团队中最信任他的成员，他也没有放弃机会，除了经常请教小Y，也同小Y分享他在甲部门积累的知识和经验，很快把小Y变成了他的左膀右臂。

以上蔡晓的故事里我们真实地看到一个初级领导如何运用专业的工具和方法有效建立信任。

　　我们经常看到一些领导工作之初总要大刀阔斧地改变些什么，所谓"新官上任三把火"，有些领导甚至在遇到员工回应"我们从前不是这样"的时候，直接指出从前做法的错误或不合理的地方。想想看，就算团队成员明知道新领导说的是方式、方法的问题，可是以前的工作大家都有参与，被新领导否定，同事们会喜欢和信任新领导吗？

　　另外，如果新领导真的想改变，那要考虑是否改变自己的工作行为以适应团队的需求，而不是"谁跟我对着干我也不让他好过"。所以从头到尾在他的行动计划中，蔡晓都没有针对小W的任何举措，反而结果是皆大欢喜的。

与人交流

初级领导在承担领导工作之初,需要非常清楚地知道如何有效地与下属交流。开启领导力之门模型在这一维度提供了三个方向的思考:

(1)有效沟通:不是所有的沟通都能取得预期的结果,现实工作中我们见到太多的沟通"说得够清楚,听得也够明白",但就是没结果。GROW模型有效地解决了这一挑战。

(2)及时反馈:反馈是所有领导的基本功。有效反馈模型让领导们直接"套公式"就能完成具体而有建设性的反馈。

(3)充分授权:初级领导最应该做又最惧怕的工作之一就是授权。授权面面观模型给领导们提供了充分授权的思路和方法。

有效沟通：GROW 模型帮你事半功倍

痛点场景

戴婧是一家中等规模企业的办公室行政主管，负责办公室的各种后勤保障工作。她手下还有一名行政助理。

戴婧在工作中遇到的最大挑战就是跟行政助理交代工作，她觉得自己说清楚了，好像对方也听明白了，而且对方态度特别好，表示一定配合。可是每次总有丢三落四或理解错误的地方，总是达不到她的要求。

最近公司要组织年会，选择年会场地的工作由戴婧和她的团队负责。她想让行政助理先去把可以提供年会场地的酒店进行初步筛选，于是她和行政助理之间发生了这样一段谈话：

"咱们马上要开年会了，这次年会要求尽可能控制预算，但效果只能比往年好……（中间交代了预算金额和要求完成工作的时间点。）所以我希望你把符合我们预算和开会标准的酒店名称都提供给我，以方便项目团队下次开会的时候做个选择。"

戴婧觉得她交代清楚了，行政助理也没提出进一步的疑问或困难，结果却令她不满意：行政助理交给她三个酒店的报价，这三个酒店正是她们公司过去三年用过的，其中两个都比之前的报价要高；另一个报价持平却换了一间相对小一点的宴会厅，而公司的规模从去年的 180 多人增加到今年的 240 多人。

再看一遍戴婧的谈话过程就不难发现：她好像除了提出来预算和完成的时间，在谈话中并没有提到其他要求和注意事项。戴婧非常委屈地解释：这位行政助理已经工作了一年半，而且参加了去年的年会准备工作。戴婧不解地问："难道他做过的事情还需要我手把手教吗？"

这个问题的答案是"不需要也需要"：不需要的原因是，我们确实应该相信员工有能力从他们过往的经验中学习和成长；而需要的原因正是，在员工成长的过程中，上级有责任帮助员工把过去的经验转化成未来解决问题的能力和思路。

这样的沟通在日常工作中经常能看到：沟通过程很顺利，结束了才发现没达成目标或跑题了；或者本来要谈的只有一个重点，沟通过程中出现了很多问题怎么也谈不完；又或者谈得挺愉快目标似乎也达成了，可是员工之后做出来的事情跟当时谈的完全不一样……一个有效的谈话流程可以解决上述这些问题。

理论篇

说到正式的沟通谈话，就一定要提一个市场上比较常见的谈话流程：约翰·惠特默提出的 GROW 模型。你可能会问：谈个话还需要流程？对，一个有逻辑、有架构的谈话流程可以让我们事半功倍地实现谈话的目标。

GROW 是目标（Goal）→ 现状（Reality）→ 方案（Options）→ 总结（Way forward）四个步骤的首字母组合，很多沟通的课程里都能学到。

以下模型对 GROW 的每一步骤都有一些简单的建议和说明：

市场上不同企业或者不同咨询公司也有自己拥有版权的沟通流程，像"沟通五步骤""销售七步曲""影响的 X 个阶段"……只要目标是把沟通过程变得有逻辑、有条理，各家理论的思路都大同小异。

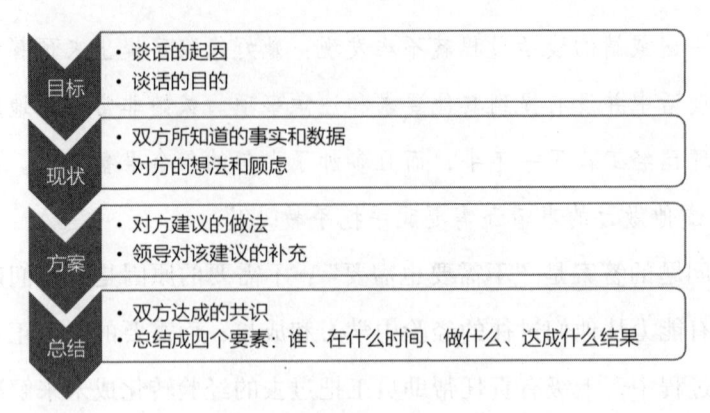

```
目标  • 谈话的起因
      • 谈话的目的

现状  • 双方所知道的事实和数据
      • 对方的想法和顾虑

方案  • 对方建议的做法
      • 领导对该建议的补充

总结  • 双方达成的共识
      • 总结成四个要素：谁、在什么时间、做什么、达成什么结果
```

GROW 模型

方法篇

这里我们一步一步拆解 GROW 模型的每一个点：

1. 目标（Goal）

沟通谈话的一开始要告诉对方谈话的起因以及希望达成的目标。

大多数人不太习惯在谈话开始的时候明确表述意图，很多领导都反馈说："如果谈话是指出下属的不足，领导们总怕员工太紧张或产生心理抗拒。"所以，大多数领导习惯在谈话开始的时候闲聊几句。归根结底，有话不能直说或不想直说的唯一原因，是双方的信任不够。

请领导们思考这样一个问题：如果你的上级和你谈话，他的开场白是没有目的的问候或闲聊，请问那一刻你是紧张还是放松？你的大脑在高速运转中，思考的是领导对你的关心，还是狐疑、猜测和担心？

信任的话题可以参考第一章建立信任模块的内容，而沟通的开场最好还是言简意赅表达清楚为何而谈话。

2. 现状（Reality）

现状就是把谈话当时所有相关的事实、数据、背景、顾虑等资料都摆到桌面上，以便下一步寻找解决方案的时候借鉴参考。

很多领导会忽略这一步,认为大家都知道现状了,快点找方案就好。其实领导以为下属知道的他们未必真的知道,就算知道,同样的事实不同的人可能有不同的解读,哪怕大家对"事情"的理解都一样,很有可能员工心里有怀疑或顾虑,这些"心情"范畴的东西也是现状。

俗话说"磨刀不误砍柴工",不把现状分析清楚,后面的方案有可能不完整,或者谈话根本推进不下去。有没有这样的谈话经历,领导要求员工提升绩效或改进做法,员工不断在强调造成现状不是他的错……很多领导抱怨员工"我想找方案而他在找借口",其实这就是"现状"没有梳理清楚。

3. 方案(Options)

所有的现状都明确之后,要基于目标和现状找到尽可能多的解决方案。

在很多沟通谈话中,说完现状之后只有两句话:"你有不明白的地方吗"和"我相信你一定能做好",然后谈话就结束了。回到这一模块开始戴婧的困扰,她就是这么交代任务的。这也是很多沟通谈话以为双方都很清楚,做出来却和期待相差甚远的原因。

那怎么样才能确保谈话双方对实施方案有共同的认知呢?我们经常说的"头脑风暴"就发生在这个谈话阶段。很多企业的"头脑风暴"讨论的过程很愉快,也遵守了"头脑风暴"的基本规则,不打击别人的想法,但想来想去好像也想不出什么新点子。究其原因,很多的"头脑风暴"会议其实只做了垂直思考,就是在一个思维方向上不停产生新的想法,虽然想法很多但并没有创新和突破。相比垂直思考,另外一种思维方式叫作水平思考,它逼着你从现有的思维方向中抽身出来,寻找其他不同的方向。

举个例子,如果我们讨论的目标是"如何让火车跑得更快",大家的想法五花八门:车身更流畅、车体更轻、动力系统更强大……你还可以想出更多的方案，但说来说去这些方案都跟"车身设计"相关。如果你用水平思考可能给出其他方向的解决方案：钢轨改造、路线创新等。两种思考方式的融合可以帮助我们完善头脑风暴的广度和深度。

4. 总结（Way forward）

前面一步的重点是想法越多越好，而到了总结阶段要从众多的方案中选出最可行的那个，并制订行动计划。

有些领导抱怨："答应得挺好，回去做出来的根本不是我要的东西。"多数是因为这一步没做或者没做好。如果沟通对象在沟通结束时想的是一堆看上去哪个都可行的想法，或者仅仅是完成任务的心态，那谈话就没意义。

在"总结"的阶段要与谈话对象共同约定后续的行动计划，而且在行动计划中要包含以下四个元素：谁、在什么时间或者以什么频率、做什么事情、达成什么结果。试想：如果领导每次与员工的沟通谈话都以包含四个元素的行动作为共识，就不会出现"谈得挺好可是做出来完全不对"的状况。

GROW模型可以用在任何谈话中，也可以用在企业内部的大多数文字汇报或会议中。当然，如果你要做的是一个对外的广告宣传或企划方案，以"出其不意"或"一招制胜"为卖点的，那就不是GROW模型的优势。也就是说，"一剂良药不包治百病"，我们这里介绍的GROW模型比较适合用在领导力对话的环境中。

实践篇

回到这一模块开头戴婧的挑战，我们来看看她可以如何运用GROW模型实现有效沟通。

GROW	戴婧可以这样说（行政助理可能的反应或答案）
目 标	我们两个月后要开公司年会，像往年一样，年会的选址仍然是我们部门负责，我想跟你谈谈选址的前期工作，我期待今年你可以独立完成年会的选址工作（沉默）
现 状	我知道第一次独立承担全公司都盯着的项目，你会有些担心。我们先来梳理一下思路，看看能不能解决一部分你的担心（好的） 去年你也参与了年会的选址工作，你觉得选址最重要的是哪几个方面的因素（场地大小合适，在预算范围内） 没错，这两个因素非常关键，还有吗（沉默） 如果从同事住宿的角度，我们还能想到什么（交通的便利性和酒店的休闲娱乐设施齐全，还有第一天的入住时间和最后一天的退房时间要灵活） 太好了，我们的思路越来越全面了。基于你对我们去年年会的了解，我们还有可能需要酒店配合哪些工作（前一天最晚中午十二点开始布置，晚上可能会到很晚） 这是时间方面的配合……（对了，还有空间方面……和酒店工程部） 你看，我就觉得你完全能独当一面完成今年的选址。我们先总结一下我们刚才提到的几个关键要素（……），同时我还想跟你分享我们今年年会的变化或者要求：首先，今年公司已经发展到两百四十多人了，我们要算一下会场的面积和所需客房的数量；其次，今年上级希望年会的预算与去年持平，这是个比较大的挑战；再次，今年年会的主题是变革，虽然会议具体内容还没做出来，我们可能要考虑除了主会场之外酒店的户外设施和其他会议室的配套 说到这儿，你觉得我们在初筛时可能会遇到哪些困难（如果考虑户外场地，可供选择的酒店本身就不多，再有预算的压力，估计我们看上的未必能谈得下来）
方 案	先不着急，无论最后能不能谈下来，你觉得第一步我们先要完成什么（看看哪些酒店符合我们的要求） 这件事我全权委派给你可以吗（没问题） 你准备从哪里入手（先把所有符合我们以上标准的场地列出来） "所有"会不会工作量太大（还好，室外场地这一条已经筛掉很多不符合要求的酒店了） 你觉得几个备选名单比较合理（五个吧，如果我觉得我也会尽量给到你多一些选择） 如果酒店资源有限，还有哪些场地可以去看看（老洋房） 我建议初筛时也要把预算考虑进去（嗯，我先跟酒店拿个报价） 我们下一次的项目会安排在下周三下午，你看什么时间能给到我初筛的名单（这周五下班可以吗）
总 结	太好了，这样我们下周还有两天的时间做一些拾遗补漏的工作。我们来总结一下接下来的行动步骤吧：我先说我要做的事情…… 你也总结一下从现在到星期五你的行动计划（第一，先根据我们的要求和网站上能查到的资料……；第二，逐一找第一轮筛出来的酒店拿报价；第三，报价合适的话再进一步找他们要会议场地的结构图；最后，……） 你想得很全面，我会建议你把第二和第三放在一起做，一方面节约时间；另一方面哪怕报价暂时不合适也不要漏掉可行的场地，后面谈价钱的工作我会帮你一起完成 ……………

小贴士

以上大概还原了戴婧第二次谈话的过程，相信有些读者已经没有耐心了,其实这也是很多初级领导在学习 GROW 模型时最直接的反应。他们的反馈是:"我哪有那么多时间这样跟下属对话?有这个时间我自己都把活儿干完了。"

我们可以从另外一个角度来看这件事:

(1)回到开头引用的杰克·韦尔奇的那句话,领导者最重要的工作之一就是帮助员工成长,而不是帮助员工完成他们该完成的工作。

(2)如果你怕一次进行一个完整的 GROW 谈话浪费时间,你可能会长期面对"明明答应得很好就是做不出我想要的结果"的窘境,而且每次"善后"的时间加起来不比一个有效谈话所花费的时间少。

(3)有时候人们觉得做一件事情浪费时间,是因为对于有效完成那件事所应具备的技能掌握的还不熟练。

当然,以上的案例中除了向读者展示 GROW 模型,其实戴婧还用了另外几个沟通谈话的技巧,我们将在第四章辅导下属模块中进一步介绍这些技术并体会它们带来的好处。

及时反馈：随时随地用 STAR 点亮人际关系

痛点场景

尔斌所在的公司里有一位总经理，每次尔斌取得成绩后，他都会和蔼地说"干得好"。尔斌觉得很受用，也有样学样，看到员工有做得好的地方就竖起大拇指说"太棒了"或者"做得好"。可是好像员工都不太接受，好多同事私下还议论他，他觉得特别委屈：怎么表扬下属也不对了呢？

其实不是表扬的愿望不对，而是方法可以商榷。同样的困境不仅像尔斌这样的初级领导会遇到，很多高级领导也未必会表扬人。想想看，如果尔斌公司的那位总经理每次见到他都只会说"干得好"，尔斌会不会心生疑惑：这有可能是他的口头禅吧？所以，不仅是尔斌的下属，连尔斌自己也会觉得这种表扬有点儿敷衍。

理论篇

领导们经常会产生这样的困惑："我真的是有诚意的，员工感受不到我的诚意为什么是我的问题？"首先，如果你有诚意但没有表达出来，那别人没有感觉到就很正常；其次，如果你认为自己表达了诚意，那你要看看是一个员工还是一群员工感受不到，如果超过三分之一的受众有可能误会你传递的信息，那你就要换一种方式表达。

如何能让领导对员工的表扬充满诚意呢？只要表扬是具体而不是空泛的，这样诚意就能被感受到。那怎样的表扬才算具体呢？很多企业都在用的一个反馈模型叫 STAR。模型中的四个英文字母分别代表反馈的三个要素：

（1）S 和 T 指情况（Situation）和任务（Task），二者有其一则反馈的第一个要素就齐备了。有些用法也会把 S 和 T 分开：在什么样的背景之下（情况），当时的工作是什么（任务）。我通常把 ST 看成同一个元素：一方面是实践中很多情形之下 S 和 T 二者只有其一；另一方面 STAR 还可以用在招聘面试中，我们在第四章选拔人才模块中会详细讨论，并给出另外一个跟 STAR 非常接近并只有三个元素的面试工具，这样读者们在实践中用哪个工具都行，统一也简单。

（2）A 指对方采取了什么行动（Action）。

（3）R 指以上行动取得了怎样的结果（Result）。

方法篇

以我们都耳熟能详的司马光砸缸的故事为例，如果我们要表扬司马光，按照 STAR 反馈模型，可以这么说："司马光，在小朋友掉进水缸爬不上来的时候（当时的情况），你搬起一块石头把水缸砸出个大洞（对方的行动），水流出来小朋友就得救了（行动的结果）。"然后可以加一句"你真棒"。

这句话也可以这么说："司马光，你为了救掉进水缸的小朋友（任务），第一时间赶到现场，搬起一块石头……"这样"情况"就变成了"任务"。至于第一个要素到底应该表述"情况"还是"任务"，要根据不同的场景灵活处理。

特别要注意的是，反馈的三个元素都要具体，整个反馈才能具体。我们经常听到三个元素都不具体的反馈。还用司马光的故事来举例："司马光在小伙伴遇到危险的情况下，急中生智、临危不乱，终于不负众望救出了小伙伴。"这里三个元素都不具体，其中最不具体的是司马光的行动。"急中生智、临危不乱"是对司马光行动的评价，却不是行动本身。

实践中很多领导认为：越把行动上升到态度、道德或思想意识层面，教育意义越强烈。殊不知，表扬的意义在于让当事人知道自己到底好在了哪里，同时其他人也能向当事人学习。领导希望看到不论是当事人还是听到这个表扬的人，日后展现的是行为本身，而不是"急中生智、临危不乱"这种对行为的价值判断。

实践篇

反馈不仅包括表扬，也包括指出可以改进的地方，那就要用到 STAR 模型的基础上再加一组 AR，分别代表建议的行动和不同的结果，当然建议行动带出来的通常是更好的结果。

先举三个例子，让读者们感受一下反馈模型运用到实际工作中是什么样的。还记得在第一章中，出纳主管毕磊和下属小赵的故事吗？我们来练习一下，站在毕磊的角度给小赵改进反馈。

第一个情形是小赵打印出来并寄给客户的文件，每一页的最后一行都没打上去。"小赵，前两天你打印并快递了一份文件给客户（任务），当时你打印出来没有检查就直接寄给了客户（行动），客户收到不能用（结果一），同时也会觉得我们不够专业（结果二）。我建议以后遇到类似的工作任务，除了完成上级要求外，再多问自己两个问题：上级让我做这件事的根本目的是什么？我达成这一目的了吗（建议行动）？这样，不仅老板会满意，客户也会满意并认同我们的专业程度（更好的结果）。"

第二个情形是小赵给客户寄发票的时候忘了寄支付明细表单："小赵，每个月给客户寄发票的时候要把明细列表附在后面（任务），这个月你只寄了发票（行动），客户找回来我们需要再寄一次，影响了付款的进度（结果）。我建议你把工作中这种有明确规定或标准的工作任务列个表，每次做的时候核对一下工作标准（建议行动），这样就不会忘记了（更好的结果）。"

第三个情形是小赵把双方已经盖好章应该存档的合同又寄回给了客户："小赵，上周法务部的同事请你帮忙留一份合同存档（情况），你把两份双方盖好章的合同都寄给了客户（行动），造成法务部的不便（结果一），也会令客户质疑我们的专业程度（结果二）。我建议你遇到这种自己没做过或不熟悉的工作，采取行动前跟利益相关者再确认清楚（建议行动），这样就不会有失误，工作也会更有效率（更好的结果）。"

在改进反馈中需要特别注意的是：与表扬的反馈不同，改进反馈的第一个行动和结果是有待改进的行动和结果，这样才会带出后面领导建议的行动和更好的结果。

有些领导习惯于把第一个行动和结果说成下属做得好的地方，因为他们觉得之后再提希望对方比较容易接受。他们的表达就变成了："你在××情况之下采取了××（好的）行动，取得了××（好的）结果。你日后如果能采取××（不同的）做法，那结果就会更好了。"试想：如果你是下属，每一次领导指出你需要改善的地方之前都先表扬一下，那么如果有一次他真的表扬你，你的感受如何？大概率是你应该没注意到他表扬了什么，而是在等那句"我希望"。

小贴士

解决了表扬反馈和改进反馈的问题，领导们接下来的问题可能是：直接指出员工的不足，员工会不会心里不舒服？或者有些领导也会说：他们学过一种反馈的理论叫作"三明治法"，就是要两片面包（表扬）加一片肉（改进）。

理论上讲，员工能不能舒服地面对领导给的改进反馈，并不取决于领导在要求别人改进之前是不是先进行表扬,而取决于领导能不能随时看到员工做得好的地方并及时给予表扬反馈。如果领导能经常看到员工优秀的地方,并随时给予表扬反馈,那真正有需要改进的地方,直接说出来又何妨?

换句话说,如果一定想实践"三明治法",那就把随时随地给员工的表扬反馈变成那"两片面包",真的需要提出改进反馈的时候,这"一片肉"就可以直接提出来了。

充分授权：放开手你才有机会做更重要的事

痛点场景

付涵在一家医疗器械制造企业工作，公司的主要业务集中在B2B，最近几年刚开始做B2C的业务。公司希望B2C的业务更有效率，半年前成立了一个线上B2C小组，由付涵当主管，下面三个同事都是各部门抽调的精英。

付涵知道小组的工作十分重要，她不敢有丝毫的懈怠，团队里所有的大事小情她都过问，定好了时间节点的事情她也总是怕耽搁，提前两三天就会提醒团队成员。团队里的三个同事能力很强，团队成立半年已经达成了全年的销售目标。

正在付涵觉得可以稍微喘一口气的时候，团队里的两个同事同时提出调回以前的部门，原因也出奇的一致：他们都觉得得不到付涵的尊重和信任。还有一个同事虽然没提出调离，但平时工作中也尽量躲着付涵。

付涵的上级找她了解情况，也向她反馈了同事们的意见。付涵扪心自问：半年来她兢兢业业，甚至提心吊胆，唯恐有失误，愧对上级的信任和同事们的付出，何来不尊重和不信任团队成员？而且为了帮助团队成员更好地完成任务，付涵经常白天事无巨细地关心下属的工作，晚上还要加班做自己的本职工作，面对这样的反馈她是既伤心又委屈。

理论篇

相信读者从上面的故事中已经看出来：付涵的本意并没有不尊重或不信

任下属，但她把所有的事都抓在自己手里，对同事不授权、不放心的做法使得同事们的感觉就是没有被尊重和信任。

说到授权，很多领导者都会为这件事烦恼：过度授权，担心控制不住或产生不可挽回的损失；不授权，员工也会因为得不到信任和成长而心生不快。有时候是员工的能力不足，授权后反而操心，还不如自己负责。

在解释授权的做法之前，我们先要清楚一个概念：什么是授权任务？如果一项工作任务本来就写在员工的工作说明书里，员工完成这项工作任务的过程中不论领导有没有催促和要求，都不叫授权。授权任务说的是那些本来由领导完成的工作任务，或者随着市场环境的变化，团队被要求额外承担而暂时没有明确分配到具体员工的工作任务。

以下授权面面观模型能够帮助读者理解授权，从而有目的、有重点、有选择、有方法地实施授权。

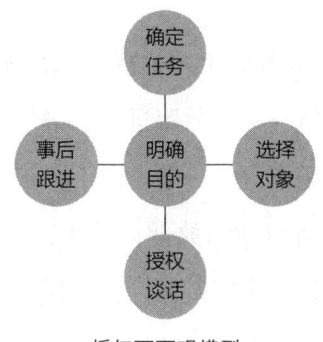

授权面面观模型

方法篇

下面我们就来逐一拆解授权面面观模型中的每一个要素：

首先要明确授权的目的，即为什么授权。很多领导习惯性把自己觉得简单、不愿意做、没时间做的工作交给下级员工，这不是授权。一般来讲，授权的目的是尽快完成任务，或是为了发展员工。

授权的第二个要素是确定授权任务。主管心里要非常清楚授权的内容。不同员工的能力优势不同，动机和行为风格不同，每一个任务的复杂程度不同，自然不能一股脑甩给员工。就算被授权的是非常得力的员工，也要记得领导本人是对任务全权负责的人。

授权的第三个要素是选择授权对象。在授权给谁的问题上领导要有清晰的思考。如果为了尽快完成任务，要授权给有能力和意愿完成额外工作的员工，但也要考虑这样的员工有没有足够的精力承担额外的工作。如果是为了发展员工，就要先评估员工目前的待发展领域和未来的工作方向，根据任务性质选择被授权的对象。

授权的第四个要素是进行授权谈话。前文提到的GROW模型就是一个非常有效的授权谈话框架。在第四章我们还会学到辅导的三个技巧，也可以用在授权谈话中。进一步的学习中我们会发现：其实授权谈话也是辅导谈话的其中一个分支。

授权的最后一个要素是事后跟进。授权之后不能不管，也不能过于担心，而是要在理论和工具指导下有效跟进，以确保授权目标的达成。这里就包括跟进的内容、强度、频率等。一般情况下，被授权对象的能力足以完成授权任务时，跟进的频率可以适当放低；反之，多数以发展为目的的授权，跟进的频率要增加。如果是一个相对比较大或耗时比较长的工作项目，建议开始的阶段少授权多跟进，随着项目的进行和被授权人的不断成熟，领导要学会多放权少跟进。

这个模型叫作授权面面观而不是"授权五步骤"，就是因为五个要素之间有顺序但不绝对。

比如，以员工发展为目的的授权，领导首先考虑的多数是要发展谁，培养哪一项能力以及为什么这项能力需要培养，然后才去思考哪些工作任务能够实现发展的目标。

而以完成任务为目的的授权，一般都是先有任务，领导才会根据任务的特点选择授权的对象。

也就是说，授权面面观模型中的前三个要素没有绝对的顺序，当然前三个要素考虑清楚之后，授权谈话和事后跟进的顺序是确定的。

实践篇

在第四章发展员工模块，读者可以看到一个完整的发展案例。这里我们就把注意力放在以完成任务为目的的授权思考及授权谈话上。

回到付涵的案例：思考过下属的反馈和上级的建议，付涵也知道问题的根源是她不愿意放手。学习了授权的基本理论和方法，付涵很认真地把接下来的一个工作任务当成练习授权的机会。

公司最近刚推出一款家用小型血糖仪，因为付涵的团队刚成立不久，这款产品没有给她分配销售指标。但付涵觉得团队在过去的半年已经积累了一些客户和销售经验，她就申请了一些库存，并准备把这项任务交给团队中的一个同事负责。

这是一个典型的以完成任务为目的的授权，任务本身已经存在了，下一步要考虑的就是授权给谁。付涵列了一张表，把三个下属完成这项任务的可能性做了个比较：

授权对象表

姓　名	相关项目经验	综合能力	意　愿	目前工作量	总　分
小张	2	2	0	1	5
小王	2	1	-1	1	3
小李	1	2	1	1	5

这里付涵用的评分标准是根据符合被授权条件的程度，打分范围为 -2 分

到 +2 分。我们暂且略过付涵为什么做出这些判断，直接看总分。小张和小李都比较合适接这个任务，其中小张的优势是他有更多的相关项目经验，而小李的优势是他可能不太会抗拒接受新的工作任务。

付涵考虑到这个任务是她自己争取来的，虽然每一项工作任务都应该做好，但毕竟公司对她的团队在这个产品上的期待不是特别急迫，所以这个项目对员工的项目经验要求没那么高。反而现在三个下属都对她持观望态度，特别是小张和小王，付涵希望尽快找到突破口赢得下属的信任，同时也帮助小李积累更多的项目经验。所以考虑再三，她决定把这项工作交给小李。

即使是同一个工作任务，授权给哪一个员工背后也有很多思考，思考过后也不是简单地"交代"任务，而是和下属一起探讨完成任务的想法、过程中可能遇到的困难和需要的帮助等。

说到这里，读者们一定像付涵一样，脑子里闪现出了 GROW 模型。下面这张表格我们在前文有效沟通模块刚刚见过，付涵就以它为框架，认真准备了她接下来跟小李的授权谈话。

GROW	付涵准备这样说（下属可能的反应或答案）
目 标	小李，最近公司新上了一款家用血糖仪，你听说了吧（嗯） 咱们团队也拿到一些任务。我想请你来全权负责这个产品的上市（我过往主要是做耗材的，在仪器方面没有他俩这么多经验，我怕做不好） 我知道，线上业务是新的领域，仪器对你来讲又是一个新的产品品类，刚开始接触心里有顾虑很正常。我考虑交给你，一方面也是希望你有机会涉猎不同产品品类，另一方面这次公司给我们的任务压力不大，就当是个练手和积累经验的过程。你先听一听销售目标，我们再来讨论你的顾虑（好吧）
现 状	这次的销售渠道主要还是线下的经销商，我们线上渠道只是作为公司的创新尝试，所以给了我们 1 000 台的销售任务，但没有明确销售期限。不过我想我们团队最了解自己的客户群，如果给这个目标设一个时间期限，你觉得多长时间比较合理（按照耗材的销量推算，至少要两个月吧。当然这只是我的想法，具体还得算一下才知道） 我们今天只是一个讨论的过程，暂且以两个月为假设目标，如果是你负责，你觉得需要哪些营销方面的配套（公司一直以来的营销配套都是比较偏线下的，营销部那边好像也没有专人帮我们做线上的营销。我们可以一方面借鉴部分线下的做法，另一方面可能要自己花时间准备文案、拍摄视频） 除了营销文案，营销需要的预算跟其他项目持平，你觉得可以吗（应该还好吧） 除了营销和预算，你还能想到哪些需要注意的点（线上就没有什么了，不过我目前手里还有几个项目，可能一时分配不出太多时间）

续上表

GROW	付涵准备这样说（下属可能的反应或答案）
现 状	这个我了解。如果让你接手血糖仪，你大概需要拿出多少时间（项目刚开始，各种杂事一定很多，每周至少两天） 如果我帮你承担每周半天的工作量，另外一天半你手里的哪个项目可以挤出来（挤就很难，但××产品线如果可以推迟一个月，等血糖仪走上正轨再开始，我还是可以应付的） 谢谢你的这些想法
方 案	那我们就来看看血糖仪上线需要做哪些工作吧（营销拍摄我能行，但我没写过仪器类的文案，有点担心写不好） 第一次做总有些不适应的地方，况且这是咱们团队共同的工作，你负责不等于全部由你一个人完成。先看我们团队内部的资源，你想不想先试试自己写？还是希望其他同事承担文案的部分（其实我愿意尝试，但怕需要反复修改影响了上线时间） 我们先确定上线时间，并做出整个上线的甘特图，就能倒推出文案的时间节点。你先写第一稿，需要修改咱俩一起改。如果时间来不及我来出确认稿（好的） 关于预算，好像你这里没有什么特别要做的。我直接在系统里申请，也是保证时间节点之前到位就好（嗯） 还有就是你现在手头的××项目，如果推迟一个月，会有什么影响？需要我跟公司报备一下吗（那个还好，本来就是长期销售的耗材，我看看在血糖仪上线之前能不能再努力积累一些客户和销量，接下来主要是确保后台发货和物流不出差错就行） 好的，如果过程中有什么需要我帮助的地方，你就随时告诉我（我最需要你帮助的地方就是……既然说好××项目推迟一个月，你能不能不要每天追着我问好几遍） 哈哈，我知道这是我的毛病。我尽量，如果有时候一个不小心又问了，你直接提醒我
总 结	我们来总结一下接下来要做的事情： （1）我去申请上线预算，大概一个星期能批下来 （2）项目计划你来做行吗？（好的）什么时间碰一下？（明天下班行吗？）当然行 （3）那我后天一早要你的项目计划给你一些反馈，如果没什么变化我们后天就把它定下来 （4）（嗯，然后我就开始写文案和安排拍摄，根据项目计划再看完成时间吧）行 （5）你写文案的同时我去确认仓储和物流，确保上线之后后台不会拖后腿 （6）……

付涵谈完之后突然发现她找到了之前事无巨细什么都要管的原因：她不知道下属都在做什么，就算前面一步做得好，她还是会担心后面一步会不会做错或者漏掉什么……

看起来这个谈话花了不少时间，可是带给付涵的好处是，她踏实了很多，她清楚地知道接下来小李会如何展开工作，并在谈话中解决了目前能想到的困难，后续在小李执行的过程中她就不会那么忐忑，也不会总去不放心地催问。

其实小李也很开心。每次跟付涵谈工作，都是谈个大概，可他真正开始之后付涵又时不时过来询问。这样一次说清楚后面他的工作也容易开展。

小贴士

各级领导者不授权的原因很多，本模块只针对其中一个原因提供了解决方案，那就是不会授权。但实际工作中很多领导不授权是自己的行为风格使然。

归纳起来，与行为风格相关的不授权原因主要有以下几种：

（1）各种着急：需要在最短的时间内完成任务，或觉得团队里没有其他人比自己更能胜任这项工作。

（2）没考虑好：没想好该授权还是该自己完成，没想好下属员工的能力够不够。

（3）各种害怕：怕给员工增加额外的负担、怕员工没时间、怕员工不会做又不好意思提出来。

（4）各种担心：担心授权之后结果不够好，担心漏掉任何一个步骤或细节。

市场上有一个广为人知的研究行为风格的工具叫DISC，读者有兴趣的话可以学习一些DISC的基本理论和方法，以上几种不授权的原因就是按照行为风格D、I、S、C的顺序排列的。

我们会在第七章的选育用留模块讲到团队行为风格将如何影响组织的战略执行，也会简单提一下个人行为风格的特点。

第三章

专业精进

初级领导的很大一部分工作仍然是自己擅长的专业技术工作，但因为需要管理团队，工作的复杂性提升了。开启领导力之门模型在这一维度特别强调了三个方向的工作：

（1）管理要务：随着工作复杂性的提升，领导要有能力从纷繁复杂的事务性工作中"明确重点、设立目标、制订计划"。

（2）解决问题：初级领导所面对的问题也比从前复杂了。本模块所提供的问题解决流程模型和问题解决卡为初级领导提供了完整的解决问题的思路和工具。

（3）定期复盘：读万卷书不如行万里路，但没有及时复盘，就算"行万里路"也不一定有成长。本模块所介绍的五个复盘步骤帮助初级领导在不断精进的道路上事半功倍。

管理要务：取舍之间尽显张弛有道

痛点场景

葛威在一家网红连锁饮品店担任店铺主管。整个店铺只有五名员工，员工排班上一休一。店铺非常小，只有四张堂食的桌子，但生意特别好，大多数顾客都是叫外卖或者点单后自取。

随着生意越做越大，葛威也越来越发现自己疲于奔命。上级要求他每月做工作计划，但他根本没办法按照计划工作，每天的工作时间基本都是在应付突发状况：来自公司的各种任务、来自管理部门的各种检查、来自合作伙伴的各种要求、来自顾客的各种声音……所有这些，都让他每天忙到很晚，差不多天天加班不说，上级还嫌他工作重点不突出。

葛威的困扰也是很多职场人面对的挑战。

理论篇

"工作重点"就是工作中的优先项，在林林总总的大小事务中抓主要矛盾进行优先排序。市场上各种工具不少，最有名的当数"紧急/重要"四象限。其实大多数领导不是不会把工作往四个象限里填，而是发现填完了也没用，还是会花很多时间在"紧急但不重要"的事情上。

要想做到工作有目标、有重点、有规划、有执行，需要系统锻炼。实际工作中我们发现很多中、高级领导也会陷入"头疼医头、脚疼医脚"的困境，所以如果你是初级领导不必着急，很有可能这种疲于应付的工作状态是系统和流程造成的，本书后面的章节会带领读者一步一步审视和调整组织的运作系统。这里先为读者提供三个工具：

（1）明确工作重点。

（2）设立 SMART 目标。

（3）做出行动计划。

方法篇

先说明确工作重点。任何一份工作都有存在的根本原因，或者可以理解为工作岗位的基本价值。多数情况下"工作说明书"中的"职责"就是对这一基本价值的简单描述。

比如，多数连锁实体餐饮店负责人的工作职责都是"通过有效的店铺运营和出品，为顾客提供高品质服务，同时实现运营收益最大化。"从这句话中我们能抓出店铺负责人的四个工作重点：人、货、场、钱。

找到了这四个工作重点，还要给它们排个序，以确保最多的时间和最主要的精力花在了最重要的事情上。那这四个重点到底如何排序呢？这取决于行业、品牌以及店铺定位。比如，很多品牌的体验店以"人"为核心，品牌在某商场里面开的店多数以"货"为核心，而开在核心商圈的旗舰店则以"场"为核心，当然所有这些都最终与盈利密不可分。

有了工作重点，下一步就是针对核心工作设立明确的目标。市场上最广为使用的一个设立目标的工具就是 SMART 原则。

这几个字母代表一个好目标应该具备的五个要素：

（1）Specific：具体；

（2）Measurable：量化；

（3）Attainable：现实；

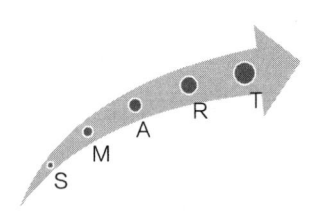

SMART 模型

（4）Relevant：（与组织目标）相关；

（5）Time-bound：有时间期限。

以下两个目标就是符合这个标准的好目标："今年全年销售额达到××""第三季度结束时单机运作成本比去年同期下降5%"。

在实际应用中很多领导认为SMART不好用，多数情况下是因为SMART只能帮助制定明确的定量目标，但不能用来制定有效的定性目标，比如领导们最头疼的"积极主动""责任感""全局观"等。我们在第一章讲过不要尝试改变别人的"态度"，而是把工作态度变成工作标准。在第四章中，会进一步展示如何把无法定量表述的能力或态度转换成行为。

目标清楚之后，还要有详尽的行动计划，以确保目标的达成。

行动计划表

工作任务	工作目标（SMART）	内容	谁				完成时间/频率	达成什么结果
			负责人	参与人	审批人	被知会人		

实际工作中我们能看到各式各样的行动计划，有一些是表决心式的。部分领导也会吐槽："明明我说得很清楚，员工态度也挺好，还交了行动计划，怎么还是做不出我想要的结果。"一个好的行动计划不是决心书，除了表格的前两列"工作任务"和"工作目标"，它还应该包括至少以下四个要素（行动计划表中后面几列的内容）：

（1）具体的内容："努力做""认真做""好好做"都不是内容，"完成××报告""通知到××人"或"组织××会议"才是。

（2）每项工作必须有具体的负责人、参与人、审批人，有时还要把"被知会人"标注出来，以确保信息透明。

（3）完成每项工作的时间节点要清晰，有时候一个行动可能是定期发生的，那没有时间节点也要有发生频率。

（4）完成之后的工作效果：这一点非常重要也经常被遗漏。经常有领导抱怨员工做出来的工作达不到他们心里的标准，想要什么结果要在做计划的时候就想到并描述清楚（以下例子中画线的就是这个部分）。

举两个完整行动计划的例子：

（1）张三在周五下班之前提交××报告，报告中要包含××内容，<u>以便所有同事了解项目背景和进展</u>。

（2）李四在××日中午之前书面提交报告到××经理，<u>确保他了解事情的起因，并得到他的批准</u>。

如果行动计划是这样表述的，领导就不会嫌张三交的报告丢三落四，也不会嫌李四只做了"提交报告"的动作却没拿到对方的批准。

实践篇

我们就用葛威的案例，来看看他可以如何通过厘清工作重点，合理分配工作时间，既让上级放心也让自己有条理。

从人、货、场、钱这四个方面来看，葛威和他上级达成共识：货和钱是他工作的重心。这一点明确了之后，他就能够把所有与货和钱相关的工作梳理出来：

（1）销量预测：确保店铺所用的新鲜原材料预测精准，以实现每天订一次货；因为纸杯等耗材来自不同的供应商，在店铺仓储空间允许的情况下每周订一次货，以优化订货效率。

（2）进货：店铺无法控制到货时间，但忙闲时间是固定的，所以每个班有一个人在固定时间统计进货及安排入库。

（3）出货：牛奶、珍珠等新鲜原材料随用随取，下班闭店时一起统计出货量；纸杯、搅拌棒等其他耗材每天上午 10—11 点之间一次性出货，下班闭店时再把剩下的耗材集中入库，同时统计全天用量。

（4）收银：每天下午 3—4 点是生意相对清淡的时间段，固定留出半个小时的时间核对上半天的营业额，这样下班闭店之后就不用加班太久。

（5）人员培训：员工的工作熟练程度直接影响店铺运作效率，所以每天上班前 15 分钟固定为培训和答疑时间。

跟上级达成以上共识之后，葛威就可以把更多的时间和精力放在重要的事情上，至于某些对其他部门重要但对他只是紧急的工作，比如市场部有时会要求在现场拍摄，他就比较容易赢得上级的支持，重新安排拍摄的时间和地点。

小贴士

初级领导在工作中疲于应付主要有以下几个方面的原因：

（1）没有厘清工作重点和目标，还处在上级让做什么就做什么的思维定式中。

（2）有想法，但缺乏技能和工具管理自己的工作和时间。

（3）会管理，但工作流程的混乱甚至有时是上级的朝令夕改造成工作没有规划和延续性。

（4）工作性质受外部环境影响比较大，比如客服工作。

（5）工作内容和结果没有办法清晰描述，例如创意或设计类的工作。

（6）……

本模块提供的工具和方法对前两种原因造成的疲于应付可以对症下药，而对其他几种原因未必直接有效。建议初级领导先学习和应用自己可以掌控的工具和方法，本书后面的章节还会涉及组织系统和工作流程的梳理，影响力的提升等不同领导力模块的话题。

解决问题：PROBLEM 模型助你解决问题

痛点场景

何瑞在一家食品企业担任生产线主管，最近总是因为完不成生产任务被领导批评。原因是机器总出故障，他也很无奈。可上级却觉得是他平时管理不严格，造成工人不爱惜机器才导致机器故障。

这是一个典型"解决问题"的案例。不止一线主管，就算很多有经验的领导也会看到问题就直接批评。其实我们都知道很多事情并不像表面看上去的样子，但因为没有一个完整的"解决问题"的流程和思路，我们经常会陷入"头疼医头、脚疼医脚"的困境。

理论篇

在介绍解决问题的理论之前，我们先来看看平时工作中出现问题的时候很多人容易进入的误区：

（1）忽略事实、经验主义：用过往的经验解决今天的问题。不是过往的经验不能用，而是今天的问题和以前的问题不完全一样，不加分析和判断地套用过往的经验未必解决得了问题，而且会让经验越来越匮乏。

（2）头疼医头、脚疼医脚：这是典型的治标不治本的做法。不从根本上解决，问题就会重复出现，不仅浪费资源，还消耗组织的战斗力。

（3）盲目自信、急功近利：盲目自信不经规划上手就干，很有可能做到一半才发现连方向都错了。

（4）过度分析、犹豫不决：总想找到十全十美或者万无一失的解决方案，最终很可能错失解决问题的机会。

解决问题是一系列分析、思考和验证的过程，也需要做决策的勇气。这里向读者介绍一个被验证了有效解决问题的工具：问题解决流程模型。

- P · Problem Statement 问题陈述
- R · Root Cause 根本原因
- O · Objective 设立目标
- B · Brainstorming 头脑风暴
- L · Legislation 制定规则
- E · Elaboration 详细规划
- M · Measurement 衡量标准

问题解决流程模型

方法篇

这个模型以"PROBLEM"命名，每个英文字母都是一个解决问题的步骤，每个步骤又包含不同的工具和方法。这里先把这些工具和方法列出来，让读者有个整体概念，在"实践篇"会解释这些方法是如何运用在解决问题的实践中，并最终取得成效的。

（1）问题陈述：一位著名诗人曾经说过："我拥有六个忠实的仆人教会我所有的事情，他们是：何时、何地、谁、何事、为何、如何。"解决问题也建议从这六个方面阐述问题之所在。这是最容易被忽略的步骤，忽略的后果就是解决了半天可能连问题是什么都没搞清楚，造成事倍功半。

（2）根本原因：市场上有个很好用的工具叫作"五个为什么"方法，它最早被应用在汽车的生产线上，通过连续问五个为什么找到问题的根本原因。当然这里"五个"是个虚数，总之要一直问到找出事情发生的根本原因为止。

（3）设立目标：市场上常用的设定目标的工具叫作"SMART原则"，是说目标要具备以下五个特点：具体、量化、现实、相关和有时间期限。我们在前面一个模块也提过这个工具。

（4）头脑风暴：在没有限制和没有批评的环境中，找出尽可能多的解决方案。这一点说起来容易，做起来非常难。因为我们每个人的思维都有惯性，每个人也都有过往成功的经验和失败的教训，所以不局限自己、不批评别人很困难。建议的思维方式是：先用"水平思考"打开思路，再用"垂直思考"深挖解决方案。我们会在本模块的最后对这两种思考方式做进一步的说明。

（5）制定规则：要想知道第四步的解决方案能不能被采纳，就要有制定方案的标准和规则。制定规则的工具有很多种，这里介绍比较常用的"二分法模型"：就是一个平面用横纵坐标分开四个区间。比较熟悉的二分法模型是"紧急/重要"模型，只要把对两个维度的描述换成选择方案的标准，比如"成本/效益"或"收益/风险"，就能轻松实现这一步。

（6）详细规划：把最终选出来的方案制订成详细的行动计划。大多数的行动计划以表格的形式出现，表格中至少要包含以下元素：行动类别、具体任务、负责人、完成周期以及时间节点。

（7）衡量标准：没有标准就没有执行，所以要想确保成功，明确的衡量标准必不可少。这一点可以直接放在第六步的行动计划表格中，就是对每一项工作任务要达成什么标准才算完成有具体清晰地描述。至于衡量的内容，很多领导偏重衡量最终的结果，这当然没错。如果一个大的结果可以被分割成几个明显的过程，那衡量过程也同样重要。

以上PROBLEM模型是解决问题的思路和步骤，而每一个步骤中又包含不同的工具和方法。很多组织喜欢把这一流程做成"问题解决卡"，其实就是下面这张表格，它的目的是确保在解决问题的过程中所有环节都被考虑到。

问题解决卡

解决步骤		工具/方法	分析和解决过程					
P	问题陈述	问题是什么（WHAT）						
		谁发现或影响了谁（WHO）						
		哪里出了问题（WHERE）						
		持续多久了（WHEN）						
		为什么是个问题（WHY）						
		它如何影响到我们（HOW）						
R	根本原因	为什么（原因1）						
		什么造成了原因1（原因2）						
		什么造成了原因2（原因3）						
		什么造成了原因3（原因4）						
		什么造成了原因4（原因5）						
		……						
O	设立目标	具体（SPECIFIC）						
		量化（MEASURABLE）						
		现实（ATTAINABLE）						
		相关（RELEVANT）						
		时效性（TIME-BOUND）						
B	头脑风暴	水平思考	方案1	方案2	方案3	方案4	方案5	……
		垂直思考						
L	制定规则	二分法/九宫格	收益（高）：可遇不可求 / 最佳方案 / 紧急时刻；（中）：最佳方案 / 备选方案 / 不考虑；不考虑 / 不考虑 / 不考虑；风险（低）（中）（高）						

第一部分　初级领导篇

续上表

解决步骤	工具/方法	分析和解决过程					衡量标准
	行动类别	具体任务	负责人	时间节点（可根据项目需要调整时间颗粒度）			
				一月	二月	三月	
E 详细规划							
M	衡量标准（见"规划"最后一列）	衡量过程					
		衡量结果					

实践篇

我们还是回到何瑞的案例，尝试运用以上的逻辑思路，找出问题的根源以及解决问题的方案。

（1）问题陈述：生产线 A 连续没有完成生产任务，影响了小组业绩，也拖慢了下游生产进度。

（2）根本原因：为什么没有完成？因为生产频繁中断。为什么生产频繁中断？因为机器频繁出现故障。为什么机器频繁出现故障？因为机器老化。为什么机器老化？因为没有定期保养。为什么没有定期保养？因为排班时没有留出保养时间。为什么排班时没有留出保养时间？因为生产任务重。

（3）设立目标：一个月之后把机器故障降低到每月两次，每次维修不超过 30 分钟。

（4）头脑风暴：水平思考想到五个方案，分别是：减少生产任务、加一条生产线、生产排班预留保养时间、换新的生产线、缩短维修时间。这些方案中有的在何瑞的层面无法控制或决策，他可以交给他的领导甚至企业高层去进一步研究方案的可行性。而对于他认为在他的职责范围内可以控制的部分，他需要做进一步的垂直思考，以产出更多更具体的想法。见"何瑞的问题解决卡"。

（5）制定规则：从"成本/收益"两个维度评估，用二分法九宫格将以上所有的方案分类（见"何瑞的问题解决卡"），很明显被淘汰的是高成本、中低收益的两个方案，剩下的是低成本、中收益和中成本、高收益的两个方案。至于高成本、高收益的方案，由于不是何瑞这个层级能够决定的，他可以提请他的上级领导考虑并作出决策。

（6）详细规划：基于确定的两个方案制定具体行动步骤、确认每一步负责人、完成时间及质量标准。见"何瑞的问题解决卡"。

（7）衡量标准：很明显，这个案例中最终要达成的结果是保证生产线的产量。可是只衡量这个结果，管理的颗粒度就会太大，所以要找到几个关键的过程指标，比如，每项规划的工作要按照时间节点完成，把管控故障率的时间频率缩小到每周，或者明确规定每天的生产时间不少于××小时等。一方面衡量标准明确，另一方面跟进路径清晰才能达成最终的结果。

以上何瑞的思路和解决问题的内容都包含在下表中。

何瑞的问题解决卡

解决步骤		工具/方法	分析和解决过程
P	问题陈述	问题是什么（WHAT）	连续三周没有完成生产任务
		谁发现或影响了谁（WHO）	影响了整体生产进度，也影响了小组业绩
		哪里出了问题（WHERE）	生产线
		持续多久了（WHEN）	三个星期
		为什么是个问题（WHY）	影响了生产进度
		它如何影响到我们（HOW）	生产进度影响公司销售

续上表

解决步骤		工具/方法	分析和解决过程					
R	根本原因	为什么（原因1）	生产频繁中断					
		什么造成了原因1（原因2）	机器频繁出故障					
		什么造成了原因2（原因3）	机器老化					
		什么造成了原因3（原因4）	没时间保养					
		什么造成了原因4（原因5）	排班时没有预留保养时间					
		……						
O	设立目标	具体（SPECIFIC）	一个月以后把机器故障降低到每月不超过两次，每次维修不超过30分钟					
		量化（MEASURABLE）						
		现实（ATTAINABLE）						
		相关（RELEVANT）						
		时效性（TIME-BOUND）						
B	头脑风暴	水平思考	方案1	方案2	方案3	方案4	方案5	……
			减少生产任务	加一条生产线	预留保养时间	换新生产线	缩短维修时间	
		垂直思考	我不能控制	我不能控制	调整工作时间	我不能控制	每次减少10分钟	
					每周30分钟保养		提升维修技术	
					加强工人培训		提前储存备件	
					预见可能故障			
L	制定规则	二分法/九宫格	收益（高）／（中）／（低），成本（低）／（中）／（高）：方案5、方案2位于高收益区；方案3位于中；方案4位于中高；方案1位于中高成本					

续上表

解决步骤		工具/方法	分析和解决过程					
		行动类别	具体任务	负责人	时间节点（可根据项目需要调整时间颗粒度）			衡量标准
					本周	下周	本月底	
E	详细规划	预留保养时间	重新排班	何瑞	周三			留出维修时间
			通知到三个班	何瑞	周五			工人接受安排
			工人培训	何瑞			本月内完成	能够预见故障
			协调维修部时间	何瑞的领导		周五		每周固定时间
		缩短维修时间（请维修部门配合）	列出常用配件	维修部负责人		周五		两个部门共识
			购置常用配件	指定专人			本月内完成	常用配件到位
			维修工培训	培训部			本月内完成	20分钟完成
M	衡量标准（见"规划"最后一列）	衡量过程	完成计划任务	不超时间节点	管控故障率	保证生产时间		
		衡量结果	保证产量					

小贴士

本模块提供的是解决问题的思路和步骤，并在每一步中介绍了一个工具。市场上可以找到很多分析和解决问题的工具，读者可以根据需要找到适合自己的工具，比如，用"鱼骨图"替换"五个为什么"分析产生问题的根本原因，一样是有效的。

这里特别要提出的是"头脑风暴"这一步用到的水平思考和垂直思考。我们在实际工作中见过许多的头脑风暴很难产出有创造性的想法，其中一个常见的原因就是所有的想法其实都没有跳出某一个思维定式。换句话说，表面来看，头脑风暴产生了一大堆想法，实际上都是在同一个水平思考的分支上"打转"。

所谓水平思考，是指跳跃的、不连贯的、启发式的以及没有标准答案的思考方法；而垂直思考则相反，是指有逻辑的、有延续性的、分析式的以及有标准答案的思考方法。

实际工作中还有一个非常好用的可视化工具，帮助我们在进行这两种思考的时候可以一目了然地看到自己在头脑风暴的不同阶段到底是在进行哪种思考，那就是思维导图。有些领导以为思维导图是画图，就以自己不会画图为理由错过了这个非常好用的工具。其实思维导图首先是思维的工具，其次才是图。世界思维导图锦标赛国际裁判张金秋女士在她的《导图思维》书中就举过一个很有趣的例子：

将24根火柴如图所示摆成4位数字5008的样子，要求只移动2根火柴，让它变成最大的数字。

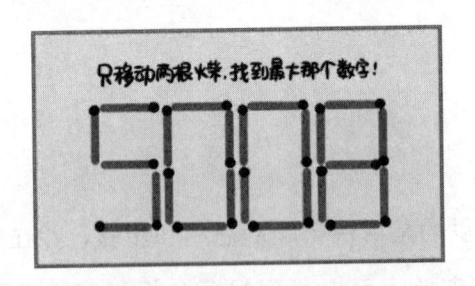

大部分人的第一个动作就是想把第一位数字变成9……继续深入思考，有人发现可以把数字变成5位数，还能变成6位数……

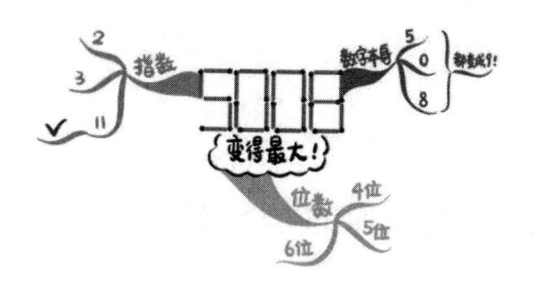

在这个例子中，可以清晰地看到思维导图的每一个分支都在帮我们用水平思考打开思路，而每一分支的进一步延展正是垂直思考的结果。如果不能用水平思考打开思路，我们可能就一直会在数字的大小和位数的多少上思考。而这个问题的最终答案既不是9字头的一个数，也不是一个6位数，而是一个5位数的11次方。

读者如果有兴趣可以进一步学习思维导图相关的理论和技法。

定期复盘：强化你的学习能力

痛点场景

艾薇在一个知名的化妆品品牌做柜台主管，管理四个美容顾问。公司要求每天工作结束要上交当天的工作日志。工作日志主要有两大部分的内容：一部分是提交各种数据，包括接待顾客数量、成交顾客数量、成交产品品类、成交金额等；另一部分是记录店铺里当天发生并希望引起管理层注意的事件。工作日志发出去之后整个销售团队都能看到，甚至除了销售团队，营销、商品等相关团队的领导和公司CEO也能看到。

艾薇不是每天下班都在店里，所以工作日志是大家轮流写的。最近两个星期她不止一次看到店铺发出去的工作日志只写了五个字："今日无大事"。为此，她的上级几次被销售总监点名批评。

艾薇觉得很对不起上级，可是也挺理解团队的四个同事：销售工作本来就那么几件事，一年365天每天都要写日志，同事们真是没什么好写的。

理论篇

每一个人在职业生涯的成长过程中都会不断学习和提升很多方面的能力，其中有一项能力可以被看成所有能力的基础，那就是学习能力。

如果上网搜索，我们可以得到很多关于学习能力的定义，甚至有些定义又把学习能力拆解并衍生出其他很多种能力。比如，理解力、想象力、阅读力、观察力、思维力、记忆力、创造力、注意力等。不难看出，以上所有的解释都在描述学习的过程，而下面这个定义指出了学习能力强的结果是：

一个人第一次做一件事就能做成功。

俗话说，"读万卷书不如行万里路"，但我们看到部分读了万卷书也行了万里路的人，在面对新的问题和挑战的时候还是找不到解决问题的方法。究其原因，很可能就是缺少了把过往工作的经验转化为未来成功的能力。以前文提到的定义来看，就是学习能力。

学习能力可以提升吗？当然可以。复盘就是提升学习能力的一个非常有效的途径。复盘模型展示了复盘的五个基本步骤：

复盘模型

方法篇

复盘可以以时间为单位，每天、每周、每月都可以进行复盘；也可以以项目为单位，在项目的每一个关键节点或项目结束之后都可以进行阶段性复盘。

以下详细拆解复盘模型中的五个步骤：

（1）对照目标。任何复盘都应该有一个参照物，这个参照物可以是项目的阶段性目标或最终目标，也可以是某一段时间内的工作计划。对照目标就是要把已经完成的工作和目标进行对比，找出其中的差距。这里差距的意思并不一定指缺点和错误，也可能是超越目标的成绩。

（2）分析结果。知道了现状和目标的差距，接下来要分析为什么说这一差距是成绩或者是不足。这里有一个误区：很多人会提出来，如果目标是100万元，我完成了120万元或者只完成了90万元，那不就是成绩或不足吗？还有什么好分析的？对于定量目标，当然可以这样一目了然地看到成绩或不足，但很多定性目标特别是创新性目标，很难一眼就看到现状和目标之间到底哪一个更优，所以这一步分析不能省略。

（3）找出原因。不论是超越目标还是未达成目标，一定是有原因的。我们在实际工作中看到比较多的状况是，领导只有在未达成目标的时候才让员工找原因，而员工找的客观原因居多，领导又觉得员工在用客观原因作借口。长此以往大家都不愿意找原因。其实，领导和下属只要稍稍改变他们的做法，就能让这一步非常有价值。那就是越成功越要找原因，而且既要找到客观原因也要找到主观原因。因为客观原因是促成成功的充分条件，而主观原因是带来成功的必要条件。

（4）总结规律。这一步非常关键，是整个复盘的核心。如果每一次复盘都能找到成功的原因，但每一次成功的原因和其他的成功都没有关联性，那成功就具有偶然性。人类在进化和发展中之所以能不断进步，其中一个非常重要的原因就是能找到成功的规律。遵循规律做事，成功就不是偶然得出来的，而是可规划、可预见的。

（5）规划行动：每一次的复盘都应该以下一次的行动作为结束。这一行动不是对过往的重复，而是经过总结思考之后的行动。哪怕很多行动和以前的做法是一样的，我们也能清楚地知道它能带来怎样的结果。

实践篇

就以艾薇所在的店铺为例，我们来看看每天的工作日志怎样写才能既不敷衍了事也不言之无物，确定是真正从每一天的工作中汲取养分，以锚定未来的成功。

（1）对照目标。店铺今天主要有三个目标：新品推广——为至少10个顾客试用最新推出的X系列粉底；圣诞礼盒促销——店铺目标每天销售Y组；店铺每日销售目标——金额Z元。其中，新品推广目标达成8个顾客试用，其中4个购买了产品；圣诞礼盒和销售金额均超越目标20%。

（2）分析结果。新品推广的试用顾客数未达成目标，这是做得不到位的地方。当然也有做得好的地方：公司没有要求新品的销售，美容顾问在给顾客试用时影响顾客并产生了销量。这对全店员工是一个非常大的鼓舞，员工也总结了一些经验可以跟其他店铺分享。

（3）找出原因。没有完成试用目标的原因：圣诞前夕的顾客组成跟平时非常不一样，很多男士来买礼物。即便是女士来店，也是比较赶时间，并且以买礼物为主。当然除了客观原因，员工主观上不太敢推新品，因为已经看到有销售了，担心说多了反而会失去销售机会。在试用的顾客中达成了50%的购买率，主要得益于市场部早在新产品还没到货的时候就把新产品资讯发到员工手里，员工可以提前自行安排时间学习。店铺所有的美容顾问都是有经验的销售，员工能够在顾客试用的过程中抓住顾客的需求，与产品的卖点快速匹配。

（4）总结规律。基于以上原因，在未来的工作中可以注意以下几点：首先，产品知识最终是为销售服务的，所以学习产品知识要变成员工日常工作的一部分，不能等着培训部来了才学；其次，在大的节假日或商场店庆等大活动之前，制订计划的时候要充分考虑顾客的组成可能与平时不一样；再次，纯熟的销售技巧和对顾客的精准把握是制胜的法宝；最后，还要进一步强化连带销售的意识，不能一看到顾客有购买的意愿就马上开单，开单时也可以利用包装的时间向顾客推荐其他适合的产品。

（5）规划行动。接下来还有几个销售旺季：元旦、春节和情人节，首先要做的是针对顾客群体把目标制定得更具体。大家一致同意每一单都要做附加销售，目标是每三单达成一单附加销售，金额不限。至于产品知识的学习和销售技巧的训练，可以融入每周的周会，不过在销售旺季期间不作要求。

其实艾薇她们每天的工作日志没有这么复杂，这里为了让读者看到一个完整的复盘过程，特意找了圣诞节前的销售旺季，请艾薇和团队以复盘流程为模板做了一次完整的复盘。做完之后艾薇和团队所有同事都眼前一亮，因为她们能看到平时觉得无限重复的日常工作竟然能给自己带来那么多的思考和收获。

这些思考和收获如果能变成员工的行为习惯，就是他们学习能力的提升，并能够帮助他们在未来面对一些不曾处理过的问题和挑战时，调动自己过往的经验去解决问题和迎接挑战，以实现"第一次做一件事就能做成功"的目标。

小贴士

"复盘"是个棋类术语，指每一盘棋下完之后，棋手把刚才的对局再重复一遍，找出双方攻守的成功和漏洞，以提高水平。由此可见，不论"读万卷书"还是"行万里路"，进行复盘，都可以为未来的成功奠定基础。

了解了复盘的重要性并学习了复盘的流程之后，艾薇调整了工作日志的模板。读者可以借鉴并设计自己的复盘模板。

工作日志

	进店顾客人数		组人	成交顾客人数		组人	成交率	（公式）
								（公式）
定量	成交产品	品 类		货 号	数 量		税前金额	税后金额
		护 肤						（公式）
								（公式）
		彩 妆						（公式）
								（公式）
		周 边						（公式）
								（公式）
定性	对照目标							
	分析结果							
	找出原因							
	总结规律							
	规划行动							

第一部分　初级领导篇

第二部分

中级领导篇

领导和管理是两个截然不同的概念，
管理者的工作是计划与预算、组织及配置人员、
控制并解决问题，其目的是建立秩序；
领导者的工作是确定方向、整合相关者、激励和鼓舞员工，
其目的是产生变革。

—— 彼得·德鲁克

中级领导是指那些对工作的结果负责，但没有责任制定战略的领导。他们可以是直接带领团队的领导，也可以是几个初级领导的上级。这里"中级"的概念与职位或团队的大小不直接挂钩，有些庞大和复杂的组织中，可能中级领导又可以分成四五个甚至更多不同的层级。

领导工作结构模型用二分法阐述了领导力行为的基本结构：纵坐标的两个维度从结果的角度诠释了领导力最基本和直观的目的——好的领导力就是推动"事成"和"人和"；横坐标的两个维度是领导者在工作中兼顾的两类人群——自我和团队。

我们在初级领导篇中已经解读了这个模型的左边个人能力的部分，中级领导篇将逐一拆解这一模型右边的每一项能力。这一部分以提供方法为主，就是给中级领导一些管理工具和方法，并解释这些工具和方法的应用场景及思路。

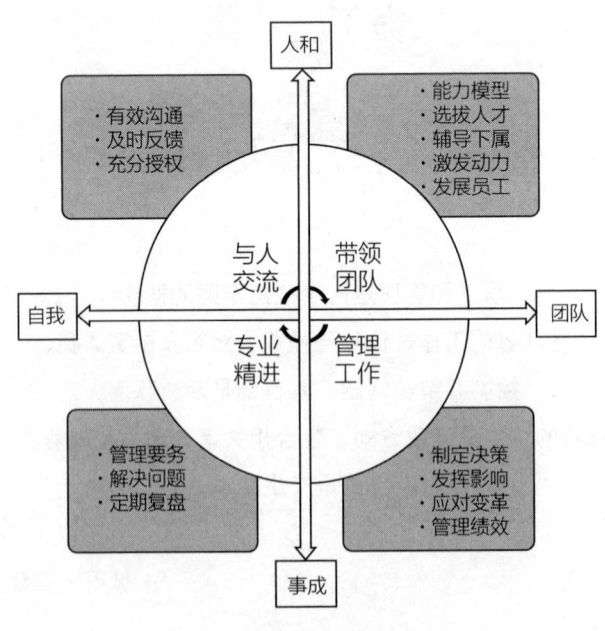

领导工作结构模型

第四章

带领团队

领导工作结构模型中"带领团队"维度包含五个方面的内容：

（1）能力模型。实践中我们经常看到领导面临这样一个难题：觉得员工能力不够，又说不清楚哪里不够；想帮助员工提升能力，却又无从下手。归根结底，是领导和员工之间没有对"能力"达成共识。

（2）选拔人才。招聘是选有能力的人。接着上一个模块，当能力模型清晰之后，招聘过程中的另一个挑战就是如何问出有效的问题。本模块用一个模型（SBI）、六个示例（能力模型及面试问题）和一张表格（面试记录表）手把手教你精准识人。

（3）辅导下属。在各种领导力理论层出不穷的今天，很多组织回归本源强调领导的基本技能"辅导"。本模块提供了三个辅导技巧，同理、提问和告知以及一张"辅导谈话准备表"，让辅导有章可循、事半功倍。

（4）激发动力。本模块通过一个心理学测评工具，向读者展现人类内心的丰富性，由此解开"为什么物质激励不能持久"之谜。

（5）发展员工。本模块用人才发展途径模型和两个示例，向读者展现了能力发展的具体路径。

能力模型：让激励和发展不再是空谈

痛点场景

很多组织特别是大公司的管理者在谈员工发展的时候，总不免有这样的顾虑："我们花了很多时间、精力和金钱来培养员工，可员工的流失率还是很高，而且大多数员工在离职访谈中对'为什么离职'有两个答案，即个人原因和没有发展。"

其中"没有发展"是看到身边的伙伴升职了，而自己的晋升遥遥无期。多数组织的人员架构是正金字塔形，升职的机会是有限的，于是员工发展和员工留任就变成了一个矛盾点。

理论篇

员工发展和留任从战略上讲是组织人才体系的话题，我们会在高级领导篇中专门阐述。这里我们把重点放在具体的操作方法和工具上。

员工发展讲的是能力的提升，而升职是能力提升之后的一个结果。这个道理说起来领导者都懂，但如果进一步深究到底如何评价能力，很多领导者也说不清。

能力也叫胜任力，通常分为三类：

（1）一般能力。不论岗位的专业和职级高低，员工普遍应该具备的能力。比如，分析能力和沟通能力。

（2）专业能力。从事不同的专业需要不同的专业能力。比如，销售人员需要销售能力，专业技术人员需要与专业对应的设计能力或编程能力等。

（3）领导能力。其实每个人的生活中都需要领导能力，所以很多公益组织给大学生开设领导力课程，甚至有些学前教育也加入了领导力话题。但从企业的角度来看，多数企业只针对管理岗位提出领导能力的要求。比如，辅导能力和建立高效团队能力。

能力模型是指企业内部所有岗位所需能力的集合矩阵，它可以帮助企业、领导和员工实现以下几个方面的目标：

（1）明确一个岗位对员工的能力要求。

（2）在团队或项目配置时提供不同人员匹配的依据。

（3）提供衡量员工能力的标准。

（4）如果配合能力模型，企业还有能力发展指南，可以为员工的能力发展提供指引。这样"发展"就不会简单地被理解为"升职"，它是一个每天都可以发生并由员工自己主导的工作。

目前，市场上部分企业有能力模型，而这些企业的能力模型真正可以同时实现以上四个目标的少之又少。究其原因，主要是很多能力不能具体联系到员工的日常行为上，那就失去了评价和衡量的客观性。

方法篇

市场上大多数组织和咨询公司用的能力模型包括三个部分：能力名称、能力定义和关键行为。初级领导篇有一个模块专门讲有效沟通，这里就以沟通为例看看常见的能力模型是什么样的。

示例：

能力名称：沟通

能力定义：主动建立沟通渠道，通过多种媒介将信息与想法清楚地传达给沟通对象，同时邀请对方参与和反馈。

关键行为：

⊙ 建立沟通渠道：主动建立沟通的机会和平台。

⊙ 了解沟通对象：专注聆听对方的需求，并适当回应。

⊙ 组织沟通内容：突出沟通的目的，内容有逻辑、有条理。

⊙ 保持听众注意：使用沟通的技巧，包括文字、图像、语言、动作等始终保持对方的注意力。

⊙ 随机应变：根据对方的需求，在沟通过程中随时调整内容的组织和表达的方式。

⊙ 确保理解：寻求对方的参与和反馈，以确保对方理解。

从这个能力模型中我们可以看出，沟通不是简单的能说会道，也不是印象中的"八面玲珑"，而是日常工作中有意识的行为。有了这个模型，我们在评估员工能力的时候，就有章可循，也比较容易做到公平公正。

实践篇

还是用沟通这个能力来举个例子。贾旭曾经有个下属很喜欢表达，入职的第一周就把她自己过往的经历包括家庭状况跟贾旭"汇报"了一遍。一开始贾旭觉得有些尴尬，但又觉得一定是她非常信任自己，也会附和两句。后来贾旭发现，这个下属好像见人就会说类似的话，也就慢慢刻意规避谈她的私事。

她入职没多久贾旭就发现在好几个项目中，她好像不完全理解相关部门的需求，甚至有些已经被明确否决了的提议还会出现在她的项目计划书里。当时她还在试用期，贾旭怕错怪了她，还特意找相关的同事再三确认，确认的结果是，大家的理解是一致的，但跟她不一致。

在后来共事的过程中，贾旭慢慢发现，她非常愿意表达自己的想法，但好像不太听也不太理解别人的意见。贾旭还记得试用期结束的时候，他拿出下属的能力模型跟她讨论，她兴高采烈地告诉贾旭，在过往的工作中，她一直被认为是一个沟通能力很强的人。可是当他俩一条一条分析沟通能力项下六个关键行为的时候，她发现自己比较有优势的行为只有两个：建立沟通渠道和维持听众注意。反而从来没意识到或很少实施的行为有三个：了解沟通对象，随机应变和确保理解。

她是个很聪明的人，马上意识到自己一直以为的"沟通能力强"其实是沟通能力中某些行为的发生频率比较高；同时她也发现沟通能力中有些行为发生频率非常低，从而造成沟通不顺利。

这是一个典型的案例，让我们看到能力模型能够有效地帮助领导和员工一起评估能力现状，并达成共识。而不会遇到我们在职场上常见的各执一词，领导觉得员工能力不够又说不清楚哪儿不够，而员工不承认自己能力不够的状况。由此进一步延伸出去，"发展能力"也就变成了"强化有效行为，调整无效或反效行为"这样一个落地的目标。

小贴士

一般做领导力发展相关的咨询公司都有现成的能力模型框架，但不同的组织因其行业不同、业务分工和组织架构不同、对员工的行为要求不同，在能力建模上可能会有差异。建议以咨询公司的现成版本为基础，人力资源负责人牵头，组成包括主要中、高层领导在内的工作团队，来设计组织自己的能力模型。

中级领导工作结构模型中的每一个元素都可以被看成中级领

导所应该具备的能力。换言之，如果领导者愿意在日常工作中分阶段地学习和实践本章每一模块提供的工具和方法，就不仅能提升自己的领导能力，也能理解：员工的留任和发展真的是看得见摸得着的。设想一幅画面：当每一个员工都能看到自己在为组织贡献的同时也得到能力的发展，员工留任就不是个难题。就算有一天员工离开，他一定会满怀感激而不是因为没有升职而满腹牢骚。

本章下一个模块选拔人才中会提供另外六个能力模型，这样各位读者至少能从本书中获取七个比较常用的能力模型，可以先在工作中用起来。如果觉得还不够用，读者可以按照本模块提供的思路和方法自己创造更多的能力模型。

另外，这一模块以及整个中级领导篇中涉及的都是个人能力，我们将在高级领导篇中谈到组织能力。

选拔人才：CBI 让面试准确找到人才

痛点场景

招聘成本一直是人力资源管理者绕不开的话题。这里说的成本不仅仅是组织付给猎头公司的费用，也包括各级领导者在招募和培养新员工过程中所花费的时间和精力，还包括新员工本人为适应新环境所付出的努力，当然也包括如果新员工离职，以上所有工作重新做的成本，或者不符合组织要求的员工留下来所造成的绩效损失。

我们每个人只要带团队都有机会做面试官，很多团队领导在面试中容易出现三个方面的问题：

（1）一见面（最多谈10分钟）就已经决定要不要对方了，面试剩下的时间都在想办法印证自己前10分钟的判断。

（2）问假设性的问题。比如，"如果要你面对一个多任务的复杂状况，你会怎么做？"这种问题你只能得到假设的回答或教科书上的答案，却看不到对方的能力。

（3）用封闭式问题挑错，挑战应聘人。比如："你不觉得你当时的做法欠妥当吗？"面试是给面试官机会尽可能多地了解应聘人是否适合现有的岗位，而不是显示面试官的高明。

更有甚者，网络上还流传着很多类似"脑筋急转弯"类问题，据说是某些大机构的入职面试问题。一个有专业人力资源体系的组织应该有同样专业的招聘体系和招聘技能，不应该用"脑筋急转弯"来招员工。

理论篇

那为了避免以上情况的出现，面试官到底要如何面试才能找到符合企业需求的员工呢？这需要面试官了解三个方面：

（1）懂得什么是能力（也叫胜任力）。我们在前面刚刚介绍过什么是能力以及岗位的能力模型，简单来说，就是每一个岗位都有它需要的能力。如果你对岗位需要的能力有清楚的了解，就能在面试中针对所需要的能力进行提问。在有些理论中称之为 CBI（Competence-Based Interview），即"基于能力的面试"。

（2）能够有效提问。能力是在行为中体现出来的，所以要能够问出有效的问题，让对方有机会告诉你他曾经的行为，面试官由此判断这些行为是不是能展现你要的能力。比如上面那个"多任务环境"的问题，你想了解对方处理多任务状况的能力，可以说"请给我一个例子，让我了解你过往是如何在同一时间处理多种任务的"。

（3）能够从应聘人的回答中捕捉到与能力相关的行为。应聘人的回答通常五花八门，面试官要能从一大段对话中找到最能体现能力的那些行为及其结果。现在市场上比较常用的两个模型一个叫 STAR（Situation/Task Action Result），另一个叫 SBI（Situation Behavior Impact），是不是殊途同归？也就是说，当应聘人提供了他过往的一个（或几个）工作案例，面试官要判断这个（些）案例中有没有你想看到的行为，从而判断应聘者的能力水平。

方法篇

我们在第二章中介绍了 STAR 模型，这里就用 SBI 模型来解释这一工具是如何运用在招聘谈话中的。

还是上面多任务环境的例子，应聘人可能会说："有一次，我们有几个项目同时进行，我们团队齐心协力在截止日期前完成了工作。"这个回答看上去 SBI 各个元素都在，但哪个都不具体。所以面试官要继续问开放式问题直到得到具体的状况、行为和结果。继续的问题包括：

（1）澄清状况（S）："当时为什么一下子接了几个项目？""那几个项目的优先级排序如何？""哪个是由你负责的？"

（2）澄清行为（B）："你在每个项目中的角色是什么？""你具体做了什么使得几个项目可以同时进行？""过程中遇到什么困难？你是怎么处理的？""作为项目主管，你是如何管理项目团队的？""还有谁帮助过你？你做了什么使你得到了他们的帮助？"

（3）澄清影响（I）："请简要描述那几个项目的最终结果。""你最满意的是哪部分结果？为什么？"

面试官从以上应聘人对状况的回答可以了解应聘人过往所面对的"多任务环境"与自己心里想的"多任务环境"是不是有类似的复杂程度；从对行为的描述能够判断这些行为能不能反映应聘人在多任务环境下有效完成工作的能力；从对影响的回答还能看到应聘人的工作标准是不是达到目前组织的要求。

实践篇

现在很多领导者所面对的困境是组织没有岗位能力模型，长远来讲，组织应该有自己的能力模型，同时为了本书的读者能尽快上手，这里也列出几个常用的能力和针对这些能力在面试中可以用到的问题。读者并不需要用到所有的问题，可以从中选取对自己有用或有启发的问题，并重组这些问题。

示例 1：

　　能力名称：规划与组织

　　能力定义：制订详细的计划与工作步骤，以确保工作能有效完成。

关键行为：

- 厘清工作重点：分析、比较各项任务的重要性和对组织目标的影响，明确优先次序并适时调整。
- 确定任务和资源：将目标分解成具体任务，清楚列出所需设备、材料、人手、预算等资源。
- 安排进度：合理分配完成各项任务所需的时间，建立时间表和关键时间节点。
- 协调资源：充分利用现有资源（部门、分工、流程、工具），协调内外部合作伙伴，高效完成工作。
- 追踪进展：尽量避免干扰，在每一个时间节点适时回顾和做出调整。

针对"规划与组织"能力的面试问题：

- 请给我一个过往工作中你全权负责完成工作项目的例子。
- 这个工作项目对你个人和团队的业绩有怎样的影响？
- 当时你手头还有其他项目吗？你是如何确定这个项目优先级的？
- 为完成这个项目你有多少资源？当时你觉得够吗？如果不够你做了什么去争取更多的资源？
- 完成这个项目一共花了多少时间？中间有几个关键时间节点？你是如何确定这些关键时间节点的？
- 项目进展过程中遇到了哪些困难？请针对其中一个困难告诉我你当时的解决方案。
- 现在回过头来看，你对自己在完成项目过程中最满意的一个点是什么，为什么？如果给你机会再做一个类似的项目，你最有可能采取不同做法的一个点是什么？为什么？

示例2：

能力名称：团队合作

能力定义：发展和运用团队合作关系实现工作目标。

关键行为：

- 发现并寻求合作机会：主动尝试与他人建立有效的合作关系。
- 阐明现状：收集并提供信息，确保合作双方都能理解合作的必要性和紧迫性。
- 激发合作双方的动机和想法：征询合作双方对完成任务的建议，同时贡献自己的想法。
- 促成共识：以合作双方共赢为基础，组织利益最大化为目标，以合作双方都舒服的方式达成共识。
- 在合作中展现人际敏感度：在合作关系遇到困难的时候，有效管理自己的情绪和行为，同时影响对方的情绪和行为。

针对"团队合作"能力的面试问题：

- 请给我一个你在过往工作中需要与其他人（部门）合作的例子。
- 当时你们为什么需要合作？组织或团队面临什么样的情况？
- 合作中双方是怎么分工的？
- 合作中双方有意见不统一的情况吗？当时是怎么处理的？
- 合作中是否有对对方不满意的时候？有告诉对方吗？你们是如何表达自己的感受的？

- 当你知道别人对你不满意的时候，你是如何回应的？
- 你个人在这个合作关系中最大的贡献是什么？如果再来一次，你最有可能在哪一点上跟上次的做法不同，为什么？

以上两个能力和对应的问题可以用在员工和"初级领导者"的招聘谈话中。

示例3：

能力名称：辅导

能力定义：及时提供指导和反馈，帮助他人胜任工作、提升绩效或调整行为。

关键行为：

- 识别辅导机会：在员工面对新任务或困难时，及时发现辅导机会并有准备的进行辅导。
- 阐明现状：收集与员工绩效相关的信息和意见，摸清实际工作绩效状况，确认员工理解现状。
- 设定目标：与员工充分沟通绩效目标，确认员工对绩效期望的理解，以双方都能接受的方式在绩效目标上达成一致。
- 探索方法：寻求提高绩效的方法或建议，与员工一起提出不同方案，并将双方共同认可的方案付诸实施。
- 提供支持和反馈：为团队成员提供正面示范和学习的机会，帮助他们发展能力，并给予实时反馈。
- 引导正面结果：评估实际工作进展，及时巩固、奖励和庆祝员工所取得的成绩。
- 展现人际敏感度：有效辨别并适当回应员工的情绪。

针对"辅导"能力的面试问题：

- 请给我一个你在过往工作中辅导员工的例子。

- 当时发生了什么事？你为什么认为那是一个辅导的机会？
- 你当时说了什么？辅导对象认同你的说法吗？
- 你们的辅导谈话最终得到了什么结果？这个结果是如何产出的？
- 在你们的下一步行动中，有哪些工作是辅导对象应该完成的？哪些工作是你承诺要完成的？
- 当时员工有情绪吗？你是如何处理的？
- 你对辅导结果满意吗？你最满意的一个点是什么，为什么？如果给你机会再做一次，你可能跟上次有不同做法的一个点是什么，为什么？

示例4：

能力名称：制定决策

能力定义：针对问题和机会，以事实为依据，同时考虑限制因素，选择有效的解决方案，以实现目标。

关键行为：

- 发现问题或机会：在日常工作中敏锐洞察决策点，并决定是否需要采取行动。
- 收集信息：从不同渠道和角度收集事实及数据，以便深入理解问题并寻找机会。
- 分析信息：整合不同来源的信息，从中发现趋势、联系或因果关系。
- 提出可选方案：在不设限的前提下尽可能多地提出解决问题或利用机会的方案。
- 选择适当的方案：制定清晰的选择标准，评估备选方案，最终产生最优方案。

⊙ 平衡利益相关者：允许一部分利益相关者保留自己的想法，同时适当承担人际关系的风险，让大多数人接纳的方案得以实施。

⊙ 推动实施：在决策产生之后，与受决策影响的各方有效沟通，促进方案的实施或目标的达成。

针对"决策"能力的面试问题：

⊙ 请给我一个过往以你为主制定决策的案例。

⊙ 当时你和团队面对什么样的状况？

⊙ 你在做决策的时候参考了哪些信息？这些信息使你们看到了什么趋势？

⊙ 当时团队产生了多少种可选方案？最终的方案是怎么产生的？

⊙ 有人不同意最终方案吗？（如果有）你做了什么？

⊙ 其他没有参与决策流程的同事是怎么知道这一决策的？

以上两个能力和对应的问题可以用在"中级领导者"的招聘谈话中。

示例5：

能力名称：企业家精神

能力定义：理解和洞察市场主要驱动因素，运用这些认识拓展新市场、新产品或新服务，创造或捕捉业务机会和争取客户，在创造组织利益最大化的同时，兼顾造福社会和保护环境。

关键行为：

⊙ 识别关键市场驱动因素：分析及理解对市场渗透和利润

增长造成影响的复杂因素，包括决定新业务开发的动态因素。
- 倾听客户反馈：持续关注市场动态，了解客户当前及未来的需求。
- 勇于创新：以不同于传统的战略来开发新市场，创造品牌价值。
- 整合组织结构：了解并整合组织内所有部门的分工和工作流程，将其作为整体融入客户体验中。
- 管理风险：在保持现有市场优势及承担创新风险中寻求平衡。

针对"企业家精神"能力的面试问题：
- 请给我一个由你主持进行新市场开发或新产品上市的例子。
- 当时的市场环境及竞争对手状况如何？消费者数据如何支持你的决定？
- 你在做决策的时候预期收益如何？这一收益是如何计算出来的？
- 这个项目最大的挑战或风险是什么？风险的评估和规避机制是怎样的？
- 为确保这个项目的成功你做了哪些组织架构或工作流程上的调整？
- 整个项目你个人的高光时刻是什么？如果有机会再来一遍，你可能会在哪些方面进行调整？

示例6：

能力名称：推动执行

能力定义：将战略转化为可实施的运营计划，协调人员、资源以及系统配置，确保有效实施战略，以达到预期的结果。

关键行为：

- ⊙ 确定关键目标及任务：将中长期目标细化成短期目标并根据环境变化调整任务。
- ⊙ 建立沟通策略：向团队清晰传达组织的战略目标和行动计划。
- ⊙ 整合实施系统：确保工作流程和员工技能可以有效支持组织的战略目标，创建评估标准和体系以衡量目标的达成。
- ⊙ 鼓舞士气：以激励人心的方式影响并带领员工实现目标。
- ⊙ 有效评估进展及结果：创建并完善评估体系，追踪进展过程的实施步骤，并确保达成结果。

针对"推动执行"能力的面试问题：

- ⊙ 请分享一个由你负责实施的战略目标。
- ⊙ 这个目标如何支持组织的愿景？
- ⊙ 你在实现目标的过程中做了哪些工作？
- ⊙ 你遇到了哪些挑战？你是如何处理的？
- ⊙ 最后的结果如何？评估这一结果的标准和体系是怎样的？
- ⊙ 整件事你个人的高光时刻是什么时候？如果有机会再来一遍，你可能会在哪些方面进行调整？

以上两个能力和对应的问题可以用在"高级领导者"的招聘谈话中。

细心的读者可能已经发现：每一个能力的最后一个问题比较像反思和复盘，因为面试官可以从对这个问题的回答中看到应聘者的学习能力和自我总结能力。而之前所有的问题都应该是过去完成时，因为面试官需要从应聘者的答案中捕捉他过往的行为，用以对应岗位的能力模型，来确定应聘者能力与岗位的匹配度。

小贴士

市场上很多关于面试的训练课程都建议面试官不要用电子设备做记录，也不要在应聘者的简历上写写画画，以展现对应聘者的尊重。同时，建议面试官在面试前针对岗位所需要的3~5个主要能力准备好要问的问题，在每个问题之间留出足够的空间记录答案，并提前把记录答案的空间分成三个部分（S、B、I），这样一边记录一边分类听到的内容，很容易在接下来的面试谈话中有的放矢地针对遗漏的部分进一步发问。

以下就是一个简单又容易上手的面试笔记表格。

面试记录表

招聘岗位：		应聘者：		面试官：	
岗位能力模型	一般能力		专业能力		领导能力
问题1：					
针对能力：				能力评分（1~5）：	

续上表

	情　景	行　为	结　果
应聘者答案			

问题2：

针对能力：	能力评分（1~5）：		
	情　景	行　为	结　果
应聘者答案			

问题3：

针对能力：	能力评分（1~5）：		
	情　景	行　为	结　果
应聘者答案			

辅导下属：三个方法让辅导从负担变成催化剂

痛点场景

员工在工作中完成任务的质量不高一直是困扰各级领导者的话题。领导者经常面临这样的窘境：

（1）我总是把一件事掰开揉碎地跟员工解释，我以为他理解了，可是做出来的结果完全不是我想要的样子。

（2）我交代下去的工作总是被偷工减料，也不知道他是听不懂还是不会做。

（3）我很想尊重员工的意见，可是每一次问，他都表示没想法。

（4）员工会把情绪带到工作中，从而降低工作效率或影响工作结果。

（5）……

理论篇

本模块要解决的问题是：领导者在带领团队完成工作的过程中应该扮演什么角色以及采取哪些行动。当然市场上有很多理论来指导领导者的实践，这里特别强调一个基础的领导能力：辅导。辅导是一个单对单或单对多的沟通过程，它可以帮助管理者实现一系列不同的目标，比如提升绩效、调整行为、员工激励、面对未来挑战等。

各级领导者可能对辅导有以下的误会或顾虑：

（1）我的团队每个人都能各司其职，业绩也能达标，没什么好辅导的。

（2）我是空降的领导，很多业务我自己都不熟悉，我怎么辅导别人。

（3）我花了大量时间辅导员工，可是员工根本听不进去。

（4）我很重视辅导谈话，每次辅导也能跟员工愉快地达成共识，但员工拿出的结果和我在辅导中付出的时间精力不成正比。

……………

辅导是领导的基本功，上到CEO下到刚刚开始带团队的主管，定期与直接下属进行辅导谈话是确保团队绩效提升的有效方法。

辅导，顾名思义，就是辅助和引导。一般可以从不同角度进行分类：按目标可以分为绩效辅导和发展辅导，按时间关系可以分为事前辅导和事后辅导，按准备的程度可以分成正式辅导和临场辅导。

很多领导都认同辅导是个很好的管理工具，甚至很多从大中型组织成长起来的中级领导平均上过四五个版本的辅导培训课，但实际工作中又收效甚微，这是什么原因呢？结合前文提到的对辅导的误解或顾虑，主要有以下几个方面：

（1）如果领导认为团队只需在有错误时进行纠正，有可能是把辅导和批评混淆了。

（2）如果领导认为辅导者必须比被辅导者见多识广，有可能是把辅导和教学混淆了。

（3）如果领导认为苦口婆心地说教就是辅导，有可能是把辅导和说教混淆了。

（4）如果领导认为辅导谈话很顺畅、员工也答应得挺痛快，就应该有好结果，有可能是把员工积极的态度和具体且量化的行为混淆了。

……………

你看，虽然我们上过很多版本的辅导培训课，但如果不深入研究并在实践中练习和提升辅导的技能，辅导就只会是一个大家都认同很重要，却在实践中未必会帮各级领导者实现目标的概念而已。

很多组织强调辅导的重要性却对辅导频率没有清晰的指引。有些组织要求"每半年一次",有些则"随时"。其实,半年甚至一年一次的不是辅导而是绩效评估;随时发生的多数是反馈,可以算是临场辅导,但不能替代正式的辅导谈话。建议领导们每月与直接下属进行一次 30~60 分钟的正式辅导。

还有领导提出来:哪有时间每月一次?投入多少时间取决于你觉得这事重不重要,以及有多少直接下属。多数组织的管理跨度是 6~8 个人,如果领导认同辅导是自己的责任并理解它的重要性,每月花 6~8 个小时(一个完整的工作日)在员工辅导上,大多数领导是可以安排的。

当然,辅导还有一大忌,就是越级辅导:假如你有 8 个直接下属,你的直接下属每人又有 6 个下属,你要是想辅导 8+48 个员工当然没时间。不仅是时间的问题,你的越级辅导会令到你的直接下属没办法在他们的团队中树立威信,也不能有效发挥或提升你直接下属的领导能力。

现状是,有些越级辅导的领导也很委屈,他们也不想越级辅导,可是他们的下属辅导不了自己的员工,他们不得不上手。如果真是下属的能力问题,领导们才更应该花时间辅导直接下属,"辅助和引导"下属做好自己的工作(包括带好自己的团队),而不是直接替下属带团队。

方法篇

既然辅导是一个沟通过程,我们在初级领导篇中谈到的沟通 GROW 模型就是一个非常有效的工具,可以帮助领导们在辅导谈话中有效地达成目标。但光有符合逻辑的谈话流程还不够,领导们还应该具备赢得人心的几个技巧。

辅导的第一个技巧叫"同理",有些理论中也称"共情"。

有效的同理不仅需要同理心，更需要同理的方法。一个比较好用的方法是，看到对方所面对的状况以及对方由此所产生的情绪或感受，用自己的话把这点告诉对方，以期帮助对方平复情绪。比如，有人说："我没白天没黑夜加班加点做了好多事，老板还处处为难我。"一个好的同理有可能是："工作中付出了很多努力，却得不到期待的认可（对方的状况），我知道你心里会觉得委屈（对方的感受）。"

一些领导会抱怨："我的员工根本就没道理，为什么要同理他？"这掺杂了个人的价值判断："我认为他没理。"领导自己产生了情绪，同时也混淆了"同理"和"同意"。领导不需要同意他认为没理的部分，但同理的目的是"化干戈为玉帛，化对抗为对话"，所以对于我们认为没理或没必要的情绪也可以同理。

当然，在觉得对方没理甚至自己也有情绪的状况中，要想有效地同理对方，确实不容易。除了要有足够的情商，同理的技巧也是需要练习的。

辅导的第二个技巧叫"有效提问"。

最基础的提问方式就是提出6W1H开放式问题，让员工有机会表达他自己的看法：

What："你看到什么机会和挑战？"

Which："你觉得这个项目中我们有哪些要注意的地方？"

Where："你建议从哪里入手？"

Who："谁可以帮助我们？"

When："什么时候最恰当？"

Why："你产生这个想法的原因是什么？"

How："你建议怎么做？"

当然，很多领导不是不会问开放式问题，他们不愿意提问题除了觉得浪费时间，还有一个重要的原因就是："万一员工的回答不是我要的答案怎办?"我经常在领导力的课堂听到这样的困惑,我会反问他们:"你问员工问题的目的是让他们说出谁心里的答案?"领导们会心一笑的同时,也多了很多思考。

不可否认,有些员工的想法不可行,导致领导陷入两难的境地。这种情况下可以参考以下四个步骤:

(1)鼓励:"谢谢你的想法!这也给了我一些启发。"

(2)找优点:"你刚才的建议中最能帮助我们达成目标的有哪几点?"

(3)找漏洞:"这个建议可能会有哪些风险或没考虑到的地方?"

(4)找办法:"为了控制风险,我们还能有什么其他的做法?"

如果员工在回答以上问题的任何一步遇到困难,领导可以随时使用"告知"的技巧,把自己的想法带进讨论。这样,多数情况下,谈话就既能给员工启发又能得出双方共识的答案。

提问一定会花更多的时间。但是算一笔账:如果一个领导只告知而不征求员工的想法,员工会越来越依赖领导的告知,越来越没有自己的想法。到那时候领导又会埋怨员工自己不思考……所以提问和告知的技巧相结合才会取得最好的结果。

这就带出了辅导的第三个技巧"告知"。

告知是所有的领导力技巧中被使用最频繁的。不过这里要提醒领导者们在告知的时候有几个小的技巧:

(1)一个有效辅导谈话中"告知"的比例不超过50%为好,另外部分则是有效运用提问技巧邀请对方表达自己的看法。

(2)领导们在辅导中告知最多的是自己的观点,建议不要忽略产生这些观点的背后思考,正所谓"授人以鱼,不如授人以渔"。员工了解了领导观点背后的想法才可能在日后的工作中学习领导的思考过程和逻辑,从而不断进步。

（3）领导不是圣人也不是木头人，所以在告知的时候也可以适当地分享自己的感受和情绪，但要确保感受和情绪的分享不会变成"吐槽大会"。

（4）控制分享自己"光辉历史"的欲望，这是员工最不喜欢听到的话题之一。当然，如果那段"光辉历史"中有值得当下借鉴的做法，领导可以直接介绍做法本身，尽量弱化自己是有多优秀。

实践篇

李想是我很多年前带过的一个管培生。当时我是公司里所有人才发展项目的项目主管，也是被发展对象的导师，包括管培生、高潜人才和接班人在内的重点发展对象都会每月和我谈一次话，谈话内容不太涉及具体的工作任务，而是谈他们每一个发展阶段的思考、困惑、发现和收获。

很多组织都有类似的发展项目和导师计划，我们后续会谈到不同的发展项目，这里主要是示范三个辅导技巧的应用。

管理培训生是所有发展对象中最年轻的群体，多数来自应届本科和硕士毕业生，李想也不例外。他的第一个岗位是在经销商管理部门，第一个工作任务刚好赶上公司全年最大的一个VIP活动，包括作品鉴赏、客户晚宴和销售跟进。他刚来，也不认识什么客户，部门领导就安排他负责VIP请柬的印制和发放。李想是个对自己有要求也很直率的小伙子，他觉得这么简单的工作不应该由管培生来做，就找到我问："我想知道每天打印请柬和装信封这样的工作是怎么促进到我的职业发展的！"很明显他有情绪，于是就有了我们后面的谈话：

"我知道你很有发展的愿望，你可能觉得手头的工作任务很简单，你怕把时间和精力花在这么简单的任务上有点浪费时间，所以也很着急。"（同理）

当时李想愣了一下，他可能没想到我的开场是同理他而不是批评他，我明显能看到他的情绪缓解了很多。

"是的，这么简单的事找个实习生来做就好了。"李想小声嘟囔。

"你一共有多少请柬要装信封?"（提问）

"大概1 000个。"

"都完成了吗?"（提问）

"完成了。"

"那你来说说你装最后100个信封的做法和最先100个的做法有什么不同?"（提问）

"要这么说的话还是有不同的，任何事情都有规律，不深入进去找到规律，我不能说自己会。"

"那你现在会了吗?"（提问）

"您说装请柬？算是会了吧。我后来发现五个一组既高效又不会出错，还容易分类。"

"还有吗?"（提问）

"还有?"

"你从管培生项目毕业之后很大概率不需要自己装请柬了，那这个工作是怎么帮助你的职业发展的?"（提问）

"嗯……看来我还是不会。"

"我很喜欢你的坦诚。给你讲个我自己的故事吧！我26岁那年已经在一家外企做主管了，负责一个5人团队。当时有个非常有名的酒店管理集团招管培生，培养目标是两年后担任驻店经理，两年的项目其中一年有海外实习的机会。我申请了那个工作并顺利进入了最后一轮面试，可是最后我落选了……"（告知）

"为什么?"李想问。

"因为面试官说，所有的管培生要从整理床单和打扫厕所开始学习，我有点儿犹豫，当时的面试官叫什么名字、长什么样子我都不记得了，但他说过的一句话至今都影响着我：'如果你不知道床是怎么铺的、厕所是怎么洗的，做了高级管理人员之后你会发现，你在管理团队的工作时总会遇到挑战。可是职位变了，你可能再也没有机会补上那一课了。'"（告知）

"我明白了。"

"把你明白的事情用你自己的语言表述出来可以吗？"（提问）

"我有点太着急了，总想多做点儿事但又觉得手头的工作太简单。其实每一项工作都是实现目标的路径，关键取决于我怎么看待这些工作。"

"那你现在愿意沉下心来做一些看似简单的工作吗？"（提问）

"没问题，您放心吧，我会做好每一件小事。"

"不着急表决心，怎么能确保那些小事可以帮助你实现发展的目标？"（提问）

"我今天回去就把手头的工作任务列出来，并尝试把它们和我近期的发展目标联系起来，下次谈话您帮我看看这个清单好吗？"

"太好了。我相信弄清楚目标和路径的关系之后，你工作的满足感会提升很多。"（告知/鼓励）

"谢谢您！"

以上是一个完整的辅导谈话，你不仅可以在这个谈话中找到我刚刚介绍的三个辅导技巧，还能看到我们在之前讲过的 GROW 模型。

小贴士

总结一下辅导的三个技巧：

（1）同理：用自己的语言描述对方所面对的事实和感受，目的是平复对方的情绪，向对方传递的信息是"我理解"。

（2）提问：用开放式问题征询对方的想法，目的是帮助对方打开思路并自己得出结论，向对方传递的信息是"你说"。

（3）告知：用陈述句表达自己的观点或感受，目的是让对方以"我"的观点或思考过程为借鉴或参考，向对方传递的信息是"我想告诉你……因为这能帮到你……"

辅导谈话准备表是辅导之前帮助领导梳理思路的工具，很多领导，特别是有了一些经验的中、高级领导会觉得没必要。其实基本功这件事与级别无关，如果读者遇到过我们这个模块开篇提到的那些困扰，建议还是使用这个工具表准备下一次的辅导谈话。

辅导谈话准备表

辅导对象：	
辅导目标：	
辅导逻辑流程 （GROW）	我该怎么说（同理/提问/告知）
目标 （Goal） 辅导的目标及重要性	
现状 （Reality） 双方资料及员工顾虑	
方案 （Options） 启发对方找到解决办法	
总结 （Way forward） 谁/何时/行动/结果	

为了帮助读者理解这个表格的用法，以下是运用这一表格所做的辅导谈话准备：

辅导谈话准备表

辅导对象：张三	
辅导目标：把团队报告的统筹工作交给他	
辅导逻辑流程 （GROW）	我该怎么说（同理 / 提问 / 告知）
目标 （Goal） 辅导的目标及重要性	你的各种报告一直做得很有条理，我准备把团队报告的统筹工作交给你。这不仅对团队很重要，也可以配合到你去年在IDP（个人发展规划）中提出的要发展"组织与规划"这项能力。
现状 （Reality） 双方资料及员工顾虑	目前，我们团队每月 / 每周 / 每天要提交的报告太复杂，有些互相重复，你注意到了吗？所以我希望整理一遍，最终的目的是既能满足管理需要又不至于让大家做无用功。这件事交给你，你有什么问题吗？（如果他担心工作量）那我们一起来看看你手里的哪些工作可以调整一下优先顺序。你目前的主要工作有哪些？最花时间的是哪些？哪些可以降低优先级？哪些可以请其他同事参与完成……
方案 （Options） 启发对方找到解决办法	这件事你准备从哪儿入手？过程中你觉得会遇到什么困难？除了我你还能想到哪些人能帮你？如果……的话，备用方案是什么？这件事做完你觉得将如何帮你提高"组织与规划"的能力？这个能力你还能用在工作的哪些方面
总结 （Way forward） 谁 / 何时 / 行动 / 结果	那我们来总结一下刚才说的要点（四个元素）…… 谢谢你！过程中遇到困难随时让我知道

激发动力：找到打动员工的方法

痛点场景

员工激励是现代组织中非常重要的一个课题。员工激励的目的是提高员工的工作积极性、创造力和生产力，从而实现组织的长期发展目标。

有人做过一个试验，让领导者思考一个问题："说到'激励'各位马上想到的是什么？"大多数领导的回答是：薪资。接下来的问题是："回想自己职业生涯中最受激励的一段经历，请问当时发生了什么？"这次的答案丰富多彩：工作中的成就、领导的信任、同事间的默契，当然也包括升职加薪。接着第三个问题是："请按照激励程度的强弱和持续时间的长短，给第二个问题的所有答案排序。"通常升职和加薪排在最后，维持激励的时间一般不超过两个星期。

由此可以看出，员工激励在实践中面临很多挑战和困难。很多组织和各级领导者在激励员工这件事上进退维谷：明知道好像还有更有效的激励方法，却在自己的管理实践中不得要领。

理论篇

这就要讲到一个非常重要的自我觉察：内驱力，有些理论也称作动机。动机简单来说，就是驱动一个人行为的内在因素，它研究的是这个人"为什么"要做某种行为。

市场上研究动机的理论不多，这里就来介绍爱德华·斯布朗格的激励因子理论，他提出了六个激励因子的理论，解释了人为什么做一件事的内在动力：

（1）理论导向。喜欢正式的学习，不仅要"知其然"还"知其所以然"。

（2）实用导向。重视投入产出比，不能接受任何不够"开源"或"节流"的投入。

（3）唯美导向。重视内在的成长和内心的体验，追求"和谐"或"平衡"的形式和感受。

（4）社会导向。以助人为快乐之本，在帮助别人的过程中得到愉悦的体验。

（5）个人导向。追求"掌控感"和个人成就，希望在一定范围内有话语权。

（6）传统导向。对特定的传统、信念或文化有强烈的归属感，生命中有明确的"红线"或"底线"。

一个人在同一阶段受2~3个不同动机的驱使，如果这2~3个动机都能得到满足，多数情况下，这个人会在工作和生活中表现得积极、乐观、有创造力和有满足感，也愿意在现有环境中继续工作。这也是企业和各级领导者需要研究员工内在驱动的原因。

目前市场上研究动机的工具没有研究行为的多，主要有两个方面的原因：第一，动机不是一个人身上外显的特征，所以从应用的角度不好把握；第二，即使应用，也是企业的HR做激励机制的时候可能用得到，大多数领导其实没有时间和精力关心员工甚至自己的动机。

反过来讲，正因为大多数企业或领导都还停留在研究行为的阶段，如果本书的读者可以综合运用情商和动机的工具，多维度研究和理解员工，那我们的困难可能就少一点，或者结果就好一点。

方法篇

动机是一个人内心深处的驱动力，一般情况下不建议从表面判断别人的动机。市场上有科学的测评工具，也可以通过专家访谈的方式让被访谈人自己找到自己的内在动机。

这里以爱德华·斯布朗格的理论为基础，每一个动机维度举一个生活中的例子，让读者体会动机是如何驱动人的行为的，又是如何促进人与人之间理解的。

1. 理论导向

理论导向的人通常喜欢参与各种正式的学习，也能够从正式的学习中最大化学习成果。比如培训师们感受最深的就是课堂上总有一些"爱学习的好学生"和从头到尾似乎都没有办法融进课堂的"坏学生"。如果了解动机理论，就能理解两者的学习状态不同，仅仅是因为前者的理论导向比较高；而后者不是不爱学习，而是不太容易从课堂学习的环境中最大化学习成果。他们可能更习惯于在实践中学习，或者通过非正式的渠道来获取知识和信息。

2. 实用导向

我们可以简单把实用导向理解成"不做没结果的事"。零售行业有很多一眼就能洞察顾客购买心理的销售人员，他们当中的有些人常被顾客投诉服务态度不好，深入了解之后发现，是因为他们知道当时顾客可能不会有购买行为。从服务的角度讲这当然不对，但从动机的角度看这正是实用导向高的行为展现。相反，实用导向低的销售人员很有可能被自己的店长或经理嫌弃，因为他们可以在店里跟顾客有非常充分的交流，却迟迟不能完成商品的销售。如果领导者不了解实用导向在销售中所起的作用，仅仅靠对实用导向高的人强调服务或对实用导向低的人培训销售技巧，有可能事倍功半。

3. 唯美导向

唯美导向高的人不是长得美、穿得美，而是关注周边环境给自己带来的内心感受，它可能体现在"穿得美"这件事上，但美不美与别人的评价无关。举个现实生活中的例子，某公司有位唯美导向极高的员工，每天午餐之后一个人去办公楼旁边的小花园，别人问她去做什么，她说："去看阳光透过树叶落在地上斑驳的影子。"别人再问："然后呢？"她说："没有然后了呀。"公司里同事表示不能理解。而唯美导向低的人通常不太讲究事物的形式或包装。

4. 社会导向

我们提倡"助人为乐"，其实在助人这件事上并不是所有的人都能找到乐趣。大多数人帮助别人不是因为助人本身的乐趣，而是跟其他动机相关。比如，高实用导向的人在助人之前通常需要确定助人的行为能带来实际的结果，高个人导向的人只有在被助人愿意听从自己的情况之下才助人，高传统导向的人通常认为"助人是社会责任"而非愉悦感的来源……这些助人行为的背后通常不是社会导向在起作用。高社会导向的人通常是自我在帮助别人的过程中获得愉悦的感受。

5. 个人导向

个人导向与年纪和职位无关，数据显示，越来越多的年轻人个人导向的分值在增加，在工作环境里的体现就是员工越来越不容易管了。很多领导经常因此困惑，其实个人导向高的人是要让他们在一定的环境或领域中有话语权。有一个在工厂做品控员的普通员工，动机测评报告显示他个人导向极高，连他老板都讶异于为什么他能做一辈子并且退休之后还愿意接受返聘。他听到老板的困惑之后开心地哈哈大笑，用手一指工厂大门说："这家工厂任何一件货要想出这个门，必须过我的手。"这是一个非常典型的案例，可以看到高个人导向只要能找到可以掌控的领域，并不需要担任高职位就能得到内心的满足。

6. 传统导向

有一个关于南非前总统的故事，这位总统邀请了当年住监狱时，监狱中的狱警参加他的总统就职典礼。当时有一位狱警表现得非常紧张，总统就走过去握着他的手说："如果不能把个人恩怨抛在脑后，我将如何带领国家前行！"这句话是不是听起来就很有立场和信念？反之，传统导向低的人通常比较随和，在人际交往中面对不同的观点和立场也比较容易变通。

下面附上一个测评报告，让读者了解通过自陈式测评，一个人深藏于内心的动机是如何"被看见"的。

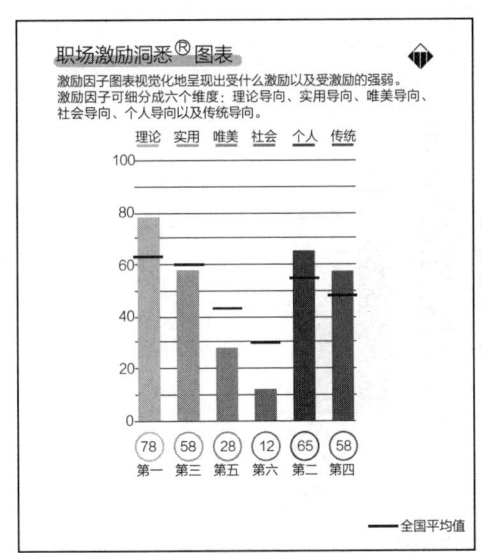

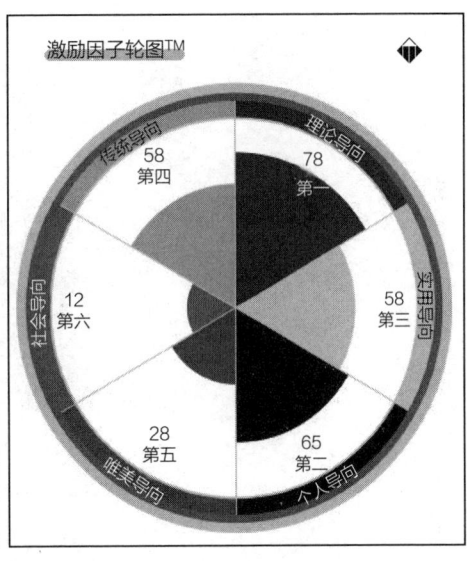

激励因子测评报告

实践篇

马洋在一家扫地机器人生产商的一线销售柜台做销售员。她是个热情的姑娘，产品知识也扎实，每次接待顾客的时候都耐心地讲解和展示，就算顾客不买她也很享受每一次交流的过程。所以公司的每一次神秘访客调研，她的成绩都名列前茅。除此之外，她还很愿意在工作中帮助同事，经常早来晚走做一些分外的店务工作。

马洋的经理很想提升她做柜台主管，但遇到的最大挑战就是她的销售业绩一直不理想。经理一直很诧异：马洋跟其他同事参加一样的产品知识和销售技巧培训，她又聪明又勤奋，服务态度也好，不知道为什么就是销售业绩不好。

咨询顾问观察过几次马洋的销售过程之后，觉得可能跟她的动机相关，就给她安排了一次激励因子的测评，得到了下面这个报告：

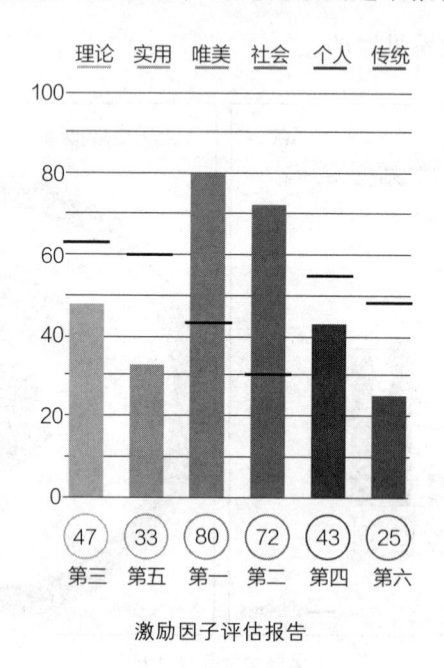

理论	实用	唯美	社会	个人	传统
47	33	80	72	43	25
第三	第五	第一	第二	第四	第六

激励因子评估报告

马洋的动机报告明确显示：她的唯美导向排第一，表现在销售过程中比较享受与顾客交流的和谐和美感；社会导向排第二，说明她在帮助别人的过程中享受快乐。反而多数销售人员偏重的实用导向是她不太看重的。

下面是咨询顾问跟马洋的对话，这里希望展现的是组织在员工个人动机和岗位动机不完全一致的情况之下，帮助员工找到工作中满足自己内心驱动力的元素。

咨询顾问开门见山："公司想升你做销售主管，你知道吗？"

"知道。"

"开心吗?"

"不开心。"

"为什么呀?"

"因为我销售不好,我觉得同事们会不服。"

"那就把销售提上去呗。我听说你的神秘访客成绩很好,顾客的留店时间也足够长,你觉得销售不好的主要原因是什么?"

"我的'临门一脚'做得不好。"

"看来你对自己还挺了解的。那做得不好的原因是什么呢?"

"我跟多数顾客在整个销售过程中都谈得特别好,人家说想再看看或者再考虑考虑,我觉得如果逼顾客当时做决定,就破坏了整个谈话的美感。"

"我看到神秘访客报告中,你的顾客留店时间最长,平均十七分钟。现在的人都忙,愿意花这么长时间跟你交流,说明人家有意愿购买呀,也算不上你逼他们。"

"话是这么说。可是顾客要是买一套清洁工具还不到二十元钱,我们公司最便宜的扫地机器人也要两千多元……"

从上面的谈话中我们明显看到,马洋的高唯美和高社会导向对她的销售行为的影响。既然她在帮顾客省钱,接下来的谈话就转移到顾客的承受能力和购买动机上。

"你接待的顾客多数是什么样的?你能给我一个简单的顾客画像吗?"

"一般都是职场人士吧,年轻一点儿的多数是买给父母的,中年的偏向买给自己。"

"以你的观察,他们是什么收入阶层的?以他们的收入负担一个两千多元的扫地机器人,他们负担得起吗?"

马洋突然笑了:"老师我明白您的意思了,您是说我杞人忧天吧?我用我自己的收入去思考就觉得贵,但真的大多数来店的顾客好像关注的不是价格。"

第二部分　中级领导篇　　103

"也不能说杞人忧天，如果他们花月薪的十分之一甚至更少，可以给自己的生活带来便利，或者给家人带来愉悦，他们的内心一定是温暖的。也可能你的'临门一脚'是在成全他们内心的温暖和渴望，你说呢？"

这里的最后一句话是针对马洋的高社会导向说的，没想到这句话带给她非常大的震撼（这是她做了销售主管四个月之后主动告诉咨询顾问的）。

这个案例咨询顾问也只跟了四个月，那段时间马洋的销售提升了很多，虽然她不可能突然变成销冠，但至少在她做主管这件事上，销售业绩不会成为阻碍。

小贴士

动机理论在组织中的应用既可以是个人层面的，也可以是组织层面的。动机理论在组织层面的应用，我们会在第七章专题讨论。

关于动机有两点特别需要强调：

（1）任何一份工作都不可能与从事这个工作的每一个人的个人动机完美契合，原因是工作本身包含多样性的任务，即使员工喜欢一份工作，也未必会喜欢工作中的每一个任务。同时，人的动机虽然不太容易改变，但数据显示，以三年到五年为时间周期还是能看到一些明显的变化。因此，领导的责任不是帮助员工找到更适合他动机的工作，而是帮助员工在现有的工作中找到与其动机相匹配的元素。

（2）动机理论和个人报告可以作为员工自我觉察和自我发展的工具，但不论动机与岗位或组织或团队的匹配度如何，它都不应该成为员工做不好工作的原因和借口。

发展员工：除了培训，员工发展还能做什么

痛点场景

好多企业的高级领导一说到要培养人才就让 HR 安排"管用的培训"，于是 HR 们纷纷打探有什么好的咨询公司和好的培训课程。

如果组织的高级领导对员工发展这件事没有完整的思考，组织没有建立起发展文化，各级领导者对自己在员工发展中的责任没有清晰的认知，那咨询公司再有名、课程设置再好也很难变成组织的核心竞争力和业绩结果。换句话说，如果培训的内容只在培训课堂上管用，回到工作中完全没有实施的土壤，那不可能真管用。

理论篇

市场上有个大家都在用的发展理论"70—20—10"原则：70% 的发展是通过在岗实践来实现的，20% 来自向周边环境学习，培训、读书等正式学习在发展中的作用只占 10%。这里的比例没有统计学意义，只是强调不同途径的重要程度。其实就算不知道或者不认同这个理论，大多数人也都有个常识：从走上工作岗位的那一天开始，人的发展就不能主要靠培训实现。

人才发展途径模型可视化地展现了这三个发展途径所占的比例。

70%
在岗实践

20%
向环境学习

10%
正式学习

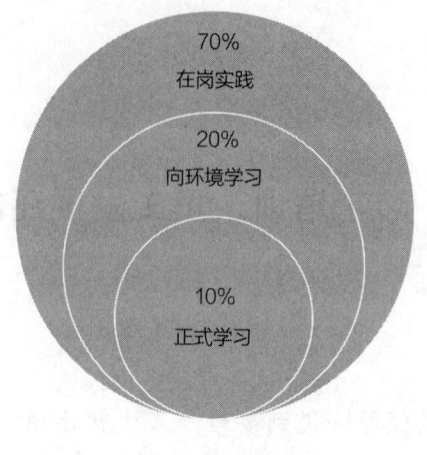

人才发展途径模型

正式学习只占10%，并不是说不给员工安排培训，而是说培训不能是员工发展的唯一和最重要的途径。而且这10%的正式学习，不仅包括组织的人力资源部门或人才发展部门给员工安排的正式培训，也包括员工自己读书、看调研报告或者现在很多年轻人比较热衷自己去读MBA。这些都是这里讲的人才发展的10%的范畴。

人才发展的20%向周边环境学习范围就更广了，比如员工参加的各种行业峰会，比如很多组织有工作小组晨会、周会、月会，再比如有些组织实施的师徒计划，这些都是员工发展的生态环境。这里特别需要强调的是，在员工发展的周边生态里有一个人对员工的发展有直接的责任，那就是员工的直接领导。

至于70%的在岗实践也需要员工的直接领导根据他对员工能力的了解和对不同工作任务所需能力的认知安排工作项目，以帮助员工实现发展的目标。说到这里，希望可以表达清楚各级领导者（不仅仅是HR）在员工发展过程中需要扮演的角色。

这样说来，读者就能理解：培训本身不能直接帮助组织取得实际业绩成果。组织的各级领导者必须在员工发展中承担应有的责任，员工在课堂上学习的知识和技能才有机会最终变成组织的业绩成果。

方法篇

人才的发展归根结底是能力的发展。而每一种能力的发展途径是不一样的。这里就以"辅导"能力为例，介绍10%、20%和70%分别包括什么内容。

示例：发展"辅导能力"。

10% 正式学习的相关主题：
- 有效沟通；
- 及时反馈；
- 充分授权；
- 有效提问；
- 积极聆听；
- 生涯辅导；
- 管理绩效；
- 奖励和认可成就。

20% 向周边环境学习：
- 征询员工的建议，从中找到改进辅导方法的机会。接到员工的反馈后，用自我观察的结果作为回应并且分享你的改进计划。
- 找到一位在辅导下属方面做得较好的同事或领导，观察他/她的辅导行为并征求其建议。

- 在团队会议上请员工分享成功和失败的经历，团队成员可以通过他人成功的和具有挑战性的经验相互学习。这些事例为你提供了绝佳的辅导时机来总结经验教训。
- 加入本部门或组织的发展规划项目团队，向团队中的其他成员学习。

70%在岗实践：

- 积极寻找可提供辅导的机会，并利用好每一次辅导机会。
- 鼓励直接下属承担有挑战性的任务，并通过"事前辅导"提供支持，帮助他们成功。
- 将任务分配给能从中获得成长的员工，而不是给已经对该任务很了解的员工。
- 在分配任务资源时，考虑如何将工作任务与员工的个人发展目标相融合。
- 在项目开始之前，与所有相关人员讨论如何达到组织的标准，以及如何将员工的发展计划融入项目计划（参照辅导能力的具体行为指标），从而帮助员工理解和改进有待提高的能力。
- 准备辅导计划，寻找可以最大程度实现激励和提高绩效的方式。
- 根据已有的标准定期评估团队成员的绩效，为每一个团队成员建立详细记录，包括绩效目标、成功经验、失败教训、发展建议和职业方向等。考虑每一个团队成员的发展计划，制订完成计划的方式以及评估该计划的时间和方法。

- 提供具体、及时的反馈，运用 STAR 模型准确描述员工所做的有成效的事情，或者可以做得更有效的事情。
- 运用辅导的理论和工具，与员工合作解决问题。
- 与员工分享自己的发展目标，同时鼓励员工也这样做。
- 建立具体的衡量标准，确保有机会观察员工表现并安排反馈谈话。
- 帮助自己的直接下属发展他们的下属员工。
- 当直接下属给其下属制订发展计划的时候，控制自己马上给建议的欲望，而是在充分观察的前提下，另外找机会提供辅导。
- 征求直接下属的许可，对辅导讨论内容进行录音，并向其承诺该录音仅用于个人辅导能力的提升。重听录音内容并评估你的辅导表现，计划在下次会议中改进两到三件事情。
- 每一次辅导谈话后，根据每项行为指标对你的辅导过程进行自我评估，并努力在之后的辅导会谈中改进薄弱环节。
- 在领导力培训中担任讲师，讲授与辅导相关的课题。

实践篇

宁静是一家全球性公司的人才发展负责人。她在职期间协助公司建立了某地区总部，并在成立之后转职到该地区工作。

在她离开之后谁接手她的岗位这件事情上，她提前就要有明确的决定。

当时她和她老板的看法不同：她希望培养当时本地的人才发展经理；而她老板觉得那个同事资历尚浅，不如直接从外面请一个更有经验的回来。

反正还有一年的时间，宁静也不急于让老板接受她的观点，或马上执行老板的想法去请人。她和那个下属就胜任力水平进行了一次完整的评估，评估的内容不仅包括下属目前作为人才发展经理的胜任力，也包括如果要在十二个月之后接任宁静的岗位需要提升哪些能力。

在评估中她们确定了三个最急需发展的能力，以每四个月为时间单位，每个时间单位发展一个能力。以下是其中一个能力的发展计划：

这个能力叫作"确定战略方向"，这是中级领导"制定决策"能力的高级版本，也是那个同事之前作为中级领导者不曾涉及的能力。这一能力包含的关键行为与"制定决策"类似，但应用场景的广度、宽度和最终给组织带来的影响不同。针对当时的状况以及一年以后要接手宁静的工作这个目标，发展计划如下：

示例：发展"确定战略方向"的能力。

10% 正式学习：一般的企业培训不太有这方面的课程，所以要特别关注以下几个话题相关的资料或商学院课程。

- 将愿景转化为战略。
- 制定战略的基本原则。
- 商业敏锐度。
- 确定战略的投资回报率。
- 评估战略选择的风险与机会。

20% 向环境学习：我们在前面的章节提到过，员工发展的周边环境可以是360度的，但环境中唯一有正式责任的就是员工的直接领导,在这份发展计划中,宁静本人占了环境的很大一部分。

⊙ 宁静分享过去几年所制定的人才战略规划背后的想法。
⊙ 下属每月找宁静讨论一个跟人才战略相关的议题。
⊙ 了解竞争对手的人才战略,并分析它们有效或无效的原因。

70%在岗实践:原则上在宁静离开岗位之前,下属没有机会接触到"确定战略方向"的工作,但团队每一年的年度计划其实也包含对已经制定的人才战略的思考和落实。所以她们约定,来年的整个地区组织及人才发展工作计划由下属起草初稿,这样下属的决策视角就从之前的执行者转变为战略决策者。

经过一整年的努力,在宁静离开的时候,下属已经具备了接任她的岗位所需要的大多数能力。当然能不能接班,还要看宁静老板的态度。宁静用到了第五章里面讲到的发挥影响五大策略,最终得到了老板的首肯。

小贴士

回到我们这一节开始时的问题"培训到底能不能发展员工",答案非常直接:能!前提条件是组织有配套的人才发展系统,并且各级领导者要对人才发展负责,不能简单地把全部责任推给人力资源或人才发展部门。

那一定会有人问:发展员工都变成各级领导者的工作了,HR存在的价值是什么呢?HR在员工发展中起着统领全局的作用,搭建平台、完善系统、找到合适的资源,并且有效实施培训(10%);

确保各级主管都有能力提供辅导和反馈（20%）；知道如何针对员工具体能力的发展安排工作项目（70%）。

当然本书侧重领导力研究，所以比较强调领导在员工发展中的作用。任何发展说到底最主要的驱动者还是发展的主体，就是员工本人。

第五章

管理工作

领导工作结构模型中"管理工作"维度包含四个方面的内容，其中前三个方面是用一个完整案例串起来的：

制定决策：一个新加入公司的培训经理看到工作中有一些现状需要改变，他在决策ICONIC模型的帮助下做出了有效的决策。

发挥影响：他的决策会影响到整个销售团队，他运用影响力A-E模型让自己的决策首先赢得了销售总监的批准和支持。

应对变革：他预见到这一决策还会对他的团队成员带来影响，于是他运用变革管理模型，先分析团队成员的现状，再对症下药采取行动，最终带领整个团队完成了变革。

管理绩效：很多组织的绩效管理还停留在年底填一张评估表的阶段。绩效管理全貌模型希望向领导们展现：绩效管理是一系列领导力概念和行为的集合。而年终绩效评估表则通过重新设计评估表告诉读者："展望未来"在绩效评估的过程中与"回顾过去"同样重要。

制定决策：ICONIC 让决策有理有据

痛点场景

欧阳刚加入一家零售代理公司做培训经理，他们公司代理了七个国际品牌，主要做线下的销售运营，在全国有上百家线下店铺。他的团队里有十个培训师，分布在以北京、上海、广州、成都为核心的四个区域。

入职的前几个星期欧阳一直在观察下属的工作。他发现团队的人不少，覆盖的人群和地域也很广，但整个培训团队只做同一件事：讲课。而且讲课的内容仅限于新产品知识和销售技巧。

照理说，培训团队培训师们的主要工作是讲课好像是件再正常不过的事情，可欧阳还看到了其他一些亟待解决的问题：

（1）下属培训师们疲于奔命，不是在讲课就是出差去讲课的路上。有一个同事竟然连着几个星期没回家，完成了前一站的工作，然后飞往下一个目的地。大家一方面很享受被同事们需要的感觉，另一方面也对日常生活受到影响颇有微词。

（2）培训师们的不满不仅来自工作的忙碌和紧张，也来自成就感的缺失。公司内部各种评比和表彰从来轮不到培训部门，偶尔大家吐槽一下工作压力大，总有其他部门的同事特别不理解地问："你们做培训的能有什么压力？"

（3）欧阳的直属领导是零售总监潘浩，他也是从零售一线摸爬滚打成长起来的。在潘浩的整个成长经历中，培训部就是教授产品知识和销售技巧的，所以自从接手零售总监的工作，他看到整个培训团队一直兢兢业业、尽忠职守，也就没多过问。

（4）最让欧阳不能理解的是：一线销售人员和店铺经理习惯于把销售不达标的责任归咎为产品知识不熟或销售技巧不好。只要开会一说到产品知识和销售技巧，所有与会者包括潘浩都会看着欧阳。可是欧阳和团队也一肚子委屈：该教的都教了呀。以欧阳过往的经验，知识和技能要想转化为生产力是需要练习的，但在练习和应用这件事上培训团队又插不上手。

（5）还有一个发现也让欧阳哭笑不得：销售技巧一部分与服务标准相关。比如，见到顾客第一面要微笑问候。有一次零售团队开会，老板提出来员工的笑容"不够灿烂"。所有与会者又一次把目光集中在了欧阳身上，潘浩就顺势问他："这一点你有什么想法？"他始终不解：难道培训部门还要教员工如何"灿烂地微笑"？

在以上整个案例中，所有的人都是善意的，所有的工作内容和工作流程看起来也都很正常。欧阳其实可以什么都不做，毕竟也没有人表达过对培训团队不满。可是他总觉得该做点儿什么，那么他在做之前就必须有个明确的决策。

理论篇

很多人认为决策是老板的责任，其实我们每个人在每天的工作中都会做各种大大小小的决策，大到工作方向、小到日程安排，无一不需要一套完整的决策思维。

这一模块是针对中级领导的工作，所以我们提供了一个在中级领导的工作场景中比较常用的、完整的决策思维模型，帮助领导们在面对相对复杂的业务环境时，能够有效地完成决策过程。

下面决策 ICONIC 模型就展示了一个完整的决策思维过程。

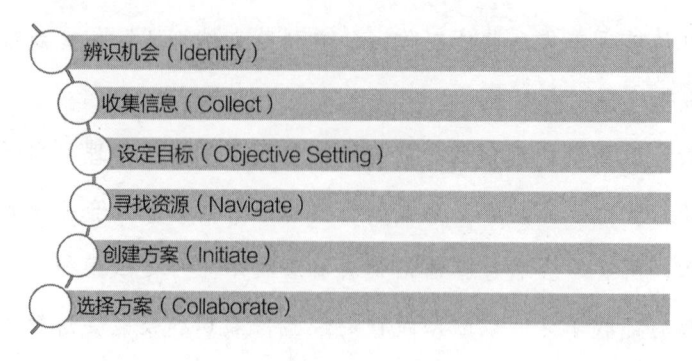

- 辨识机会（Identify）
- 收集信息（Collect）
- 设定目标（Objective Setting）
- 寻找资源（Navigate）
- 创建方案（Initiate）
- 选择方案（Collaborate）

决策 ICONIC 模型

方法篇

我们来一一拆解决策 ICONIC 模型中的每一步，以确保整个决策过程有理有据。

（1）I："辨识机会"说的是任何决策都有一个起因。有的起因是出了问题，那问题本身就是接下来要做一个决策的机会；有的起因未必是出了问题，可能是一个业务增长点，或者像欧阳一样对现有业务的思考，也可以成为决策的机会。举个例子：如果一个人要减肥，他要么是去年的衣服穿不进去了，要么是体检的时候被医生告诫体脂太高了，要么是看到从前的同学小胖减肥之后变好看……所有这些，都有可能是这个人想减肥的原因，也就是这里所说的"机会"。

（2）C："收集信息"是指决策者在看到机会之后，首先要做的事情是收集相关的信息。哪些信息是相关的信息呢？这个很难一概而论，要看在前一个步骤中辨识出的机会是什么。如果一定要找个思考的方向，可以借鉴全面质量管理中的五个主要影响因素：从"人员、机器、原料、方法、环境"入手。接着说减肥的例子：这个人会去各种线上线下的平台搜索与身材相关的各种数据，以及减肥的好办法，包括怎么吃、怎么练等。

（3）O："设定目标"放在这一步很多人不理解，他们觉得目标应该最早出现。有这样的想法也没错,因为我们大多数人习惯于先设定目标然后采取行动。但在实践中很多决策的制定是在看到机会并掌握了一定信息之后,才知道自己要做的到底是一个怎样的决策。就像前面那个要减肥的人,就算他一开始设定了一个目标,当他拿到了足够多的信息之后,仍然有可能调整和改变目标。这个时候制定的目标就会更清晰:在 3 个月之内,从 200 斤减到 160 斤,体脂率从 30% 下降到 24%。

(4)N:"寻找资源"是有了目标之后,根据之前收集到的信息,寻找可以为自己所用的资源。通常在工作中这一步非常有挑战,因为大多数的工作都需要多工种协同进行,那么很有可能,一个人需要的资源中包含别人的时间。时间和精力永远是一种稀缺资源,这就是为什么对于一个人又紧急又重要的事,其他的人不太愿意参与和配合。在减肥这件事上,寻找资源相对比较简单:多数是寻找食谱、健身房、一起减肥的小伙伴或者督促的人。

(5)I:"创建方案"这一步要用到我们耳熟能详的"头脑风暴"法。这一方法在第三章介绍过,这里不再赘述。需要特别提一下的,就是这一步创建越多的方案越有机会在最后选择方案的时候找到最佳方案。比如,减肥可以调整饮食结构,可以调整饮食时间,可以加大运动量(运动也可以有很多种选择),还可以多做家务,也可以综合以上几种做法……备选方案没有对错,越多越能打开思路。

(6)C:"选择方案"这一阶段就有对错可言了,因为最终选出来的决策方案,一定是能够有效地解决问题或达成结果的那个最佳决策。选择方案的方法很多,我们在第二章介绍过"根据符合目标的程度从 −2 到 2 打分"的方法,在第三章用过风险/收益二分法九宫格,实践中还有许多好用的工具,读者可以慢慢学习。说到减肥的案例,我们暂且用投入/产出二分法九宫格,记得"投入"不仅要考虑金钱的投入,时间、方案的可持续性也是投入的一部分。

实践篇

说了这么多减肥，只是为了把 ICONIC 模型的每一步说清楚。下面我们还是回到欧阳的案例，看看欧阳是如何运用 ICONIC 模型进行工作决策的。

第一步"辨识机会"我们在开篇已经介绍得很详细了，这里直接进入第二步"收集资料"。欧阳收集的资料包括：老板的看法、团队的感受、内外部顾客的反馈、他自己从前的经验以及目前市场上先进的做法等。

到了第三步"设定目标"阶段，欧阳清楚地知道他接下来的决策目标是：重新设计培训师岗位的工作内容，让培训团队最大化对组织的贡献，同时实现工作生活的平衡。欧阳预计在半年之内全员完成新工作内容的转换（后来的事实证明，欧阳的做法取得了巨大的成功）。

第四步"寻找资源"对欧阳是个非常大的挑战。他新加入公司没多久，公司内部的人际网络和信任关系都没有完全建立起来，可他也不想等太久，所以他首先想到最主要的资源是他的老板（我们会在接下来的发挥影响模块介绍欧阳是如何运用五大影响策略赢得老板的支持的）。欧阳还有一个很重要的资源就是他的团队成员，团队成员中有些人觉得自己可以为组织作更多的贡献，所以愿意改变目前的工作现状；也有另外一些同事很享受现在这种走到哪里都能得到店铺员工掌声的工作状态，对于改变现状没有明显的意愿，甚至有些抗拒。当然除了人力方面的资源，欧阳还考虑到技术、供应商、预算、合作伙伴等。

在第五步"创建方案"阶段，欧阳带着团队成员一起，从最大化对组织的贡献这一目标出发，根据我们在前面一个模块刚刚介绍过的员工发展的"70—20—10"原则，找到了以下一系列培训团队可以做的事情：

（1）一线员工要想把学到的产品知识和销售技巧用在工作中并最终取得业绩成果，70%靠实际工作中的应用。在这一方面，培训团队能做的是：直接去一线店铺观察并辅导员工，帮助一线店铺的经理和主管们成为辅导员工的高手，建立员工学习和发展的平台，让员工可以自主管理学习及应用等。

（2）一线员工能力提升的20%是向环境学习，培训团队可以做的工作包括：鼓励店铺内部形成学习小组，在每一个店铺发展一个"内部培训小老师"为大家提供支持，帮助店铺与店铺之间、区域与区域之间建立相互学习的平台，创建一个内部员工刊物定期刊登成功案例等。

（3）至于10%的正式学习，培训师们仍然要讲授产品知识但仅限于基础产品知识，比如服装的面料、皮具的材质、腕表的零部件等，而原来培训师们花了最多时间去一线店铺培训的"新产品资讯"，完全可以充分利用店铺内部的学习平台和"小老师"，让员工自己完成。培训师们节省出大量出差和介绍新产品资讯的时间，开发一系列强化主管和经理辅导能力的课程。

如果以上这些都能实现，培训师们的定位就从原来的帮助一线员工学新产品资讯，变成了帮助一线员工打好基本功，同时帮助各级主管提升管理能力。这一转变能对组织作出更大的贡献，同时发展培训团队的同事们，大大提升他们在组织中的重要性和工作的成就感。

当然以上这些很难在半年之内都实现，所以欧阳要和团队一起完成决策的第六步"选择方案"。他们基于对投入产出的测算，应用二分法九宫格从以上"70—20—10"的每一个维度选取了一项目前团队有条件做的工作。

（1）70%：培训师每到一个店铺，在原本的计划中加入半天观察及辅导一线员工的工作。培训师团队要事先接受强化的辅导训练，以确保他们实施的辅导能够帮助一线员工强化产品知识和有效的销售行为。同时，建议店经理和当班主管观摩培训师的辅导过程，为日后他们自己辅导员工打下基础。

（2）20%：培训团队计划出版一个内部双月刊。欧阳和团队觉得这个内部刊物可以覆盖以下几个方面的内容：总裁寄语、公司大事、当季主推产品系列、成功故事分享、产品知识竞赛、表彰优秀等。

（3）10%：逐渐把"新产品资讯"的线下培训转成在双月刊中发布相关资料，让员工自己完成学习。培训团队利用外部供应商资源设计一个线上自我检查和练习的平台，员工自学完可以去参加线上考试，考试的目的只是检查学习成果，而不作他用。考试成绩只有员工自己知道，不会向其他人宣布。这样至少在新产品资讯的学习上，一线员工代替原来的培训师成为主导者和主要责任人。

小贴士

到此为止，欧阳的整个决策过程完成。当然，这个决策不是他一个人做出来的，也不是一天可以完成的。我们在本章的前三个模块都会围绕这个案例，向读者们展现：

（1）本模块：领导者在看到一个改进机会之后，如何运用决策ICONIC模型完成一个有效的决策。

（2）发挥影响模块：决策产生之后，领导者如何运用影响A-E模型影响主要利益相关者，并最终赢得他们的支持。

（3）应对变革模块：得到老板的支持之后，任何一个与"变化"相关的决策都会给利益相关人带来影响，这些影响有一部分是正面的、舒适的，也有一部分是不舒适的、被抗拒的。领导者如何帮助员工面对变革带来的不舒适感，在市场环境中"以不变应万变"。

发挥影响：五大策略扩大你的影响力

痛点场景

接前一个模块的案例，欧阳做了一个决策：调整培训团队成员的工作内容，以最大化培训团队对组织的贡献；发展团队成员，同时帮助一线员工建立自主学习的责任感。毫无疑问，这一决策会对很多人造成影响，总结起来有这样几类人群：

首先是零售团队，大多数一线员工和他们的主管们习惯于"被服务"，如果把学习的责任转移到他们自己身上，可能他们的第一反应是给他们增加了工作量。

其次是欧阳的老板潘浩：前文讲过潘浩自己的成长经历就是从一线销售人员做起的，他对于培训部门角色的认知也基于他过往的经历。加之零售团队也是他负责的，如果零售团队有太大反对的声音，潘浩是不会同意的。

再次欧阳还要影响自己的团队成员：零售行业的很多培训师也是从销售一线成长起来的，他们当中的大多数对培训师这个岗位的认知也仅限于到一线各个店铺，给员工讲授产品知识和销售技巧。他们希望得到发展或学习新的东西，但很有可能接下来要做的事情不是他们擅长的领域。这个时候他们有可能因为能力的缺失带来工作成就感的降低，从而产生抗拒心理。

最后欧阳想到他可能还需要影响人力资源部、财务部、供应商等，不过这些方面可以稍微往后放一放。

理论篇

"影响力"是当前业务环境中非常热门的一个话题。它不同于职务权利，不需要有人赋予，却与职务权力相辅相成。职务权利多数情况下能够更直接地发挥作用，而影响力带来的结果更广泛、更长久，当然也更深入人心。

发挥影响力首先要有一个业务场景，比如欧阳对培训团队工作内容的思考就是业务场景。有了这个业务场景，还要有一个或一群需要被影响的人，这些人都会被称为这件事的"利益相关人"。

多数情况下利益相关人是可以被分类的：

（1）按照他们对这件事的重要程度可以分为：主要利益相关人和一般利益相关人。

（2）按照他们第一次听到这件事的反应可以分为：期待、观望和抵触三类。

（3）按照最终希望跟他们达成共识的程度可以分为：同意和暂时保留意见两类。

很明显，影响难度最大的是那些一开始持反对意见，而最终又需要他们同意的主要利益相关人。

市场上关于影响力的书籍很多，这里为读者提供一个影响力 A-E 模型。

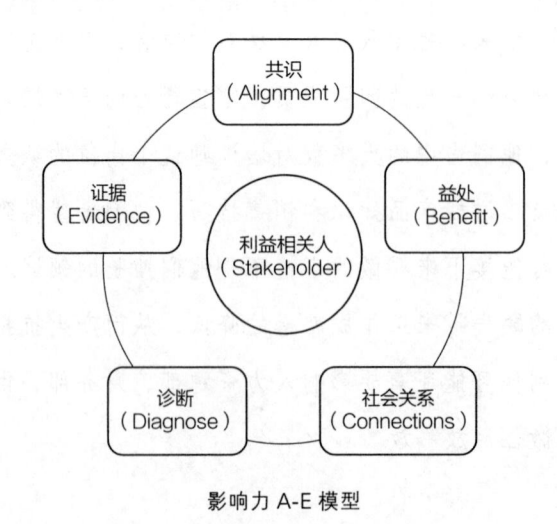

影响力 A-E 模型

这个模型正中间就是利益相关人，模型外圈的 A-E 都是围绕这个人展开的。在欧阳的案例中，零售团队和培训团队都归潘浩管，毫无疑问潘浩被定义为主要利益相关人。

方法篇

我们来拆解影响力 A-E 模型中的五个要素。这五个要素从 A 开始回到 A 结束，但中间 B、C、D、E 四个要素没有固定的顺序，可以根据具体场景的需要做调整。

（1）共识（Alignment）说的是被影响人的接受程度。影响的最终目的是希望对方接纳自己的观点，那么一开始就要思考对方目前的接纳程度，正所谓"以终为始"。知道了对方目前的接受程度，以及对方为什么持目前的观点，我们就能有的放矢地应用 BCDE 中的一个或几个要素去影响对方。

（2）益处（Benefit）说的是这件事给被影响人带来的好处是什么。虽然我们都会说组织利益大于团队利益，团队利益大于个人利益，但我们每一个人都要拿自己的业绩面对自己的老板。所以如果我们要影响到别人，除了让对方看到这件事对组织的好处，也要让对方知道这件事对他个人的好处在哪里。

（3）社会关系（Connections）说的是在影响对方的时候，周边哪些人际关系是可以帮助我们实现目标的。这里的人脉不仅指对方认识的人，也可以是客户的需求、消费者的反馈、专家的意见等。

（4）诊断（Diagnose）是指对整个业务场景的分析和诊断。如果在诊断中能够触及被影响人的业务痛点，就比较容易引起对方共鸣，最终达成共识。

（5）证据（Evidence）说的是能够拿给对方看的证据，包括市场调研的数据、行业趋势、组织现状、销售业绩、员工反馈等，可以是定量的，也可以是定性的。

实践篇

我们来看看欧阳是如何运用影响力 A-E 模型来影响潘浩的。

1. 共识

欧阳觉得潘浩目前对于这件事的看法应该是中立偏正面的，原因是：

培训团队就是服务零售团队的，如果欧阳的建议是对组织有价值的，那首先获益的是零售团队。

当然，潘浩的工作重点在零售团队身上，所以如果零售团队持反对态度的话，可能会影响他的立场。

虽然他本人的成长经历中，培训团队就是讲产品知识和销售技巧的，但他也是一个开明和愿意接纳新事物的领导者。

他本人不是培训领域的专家，在如何最大限度发挥培训团队的作用这件事上，他更愿意依赖培训经理这个角色。

他在面试欧阳的时候就提到目前各级零售经理和主管的辅导能力亟待提升，欧阳的决策明显能解决部分问题。

综合以上的分析，欧阳觉得潘浩现阶段至少不会反对，但四个大区零售经理的看法可能会影响他最终的决定。

2. 益处

潘浩在这个决策中能看到哪些益处。欧阳总结了以下几点：

潘浩想看到的不是培训部工作有多努力，而是一线员工可以把培训的内容转化为生产力，而目前培训师的工作设计不能帮助潘浩和整个公司实现这一目标。

任何组织都不会把为员工提供课堂培训当成员工发展的主要途径，这个概念可以参见第四章中对"70—20—10"理论的描述。培训部存在的意义和价值不应该只停留在人才发展的 10%，还应该在 20% 和 70% 的层面做专家并有所贡献。

一线经理和主管们辅导做得不好，很重要的一个原因是他们不擅长。培训部的工作内容和重心的调整正可以解决这一问题。

3. 社会关系

哪些人可以正面或负面地影响到潘浩的决定。毫无疑问四个大区经理对这件事的支持程度会直接影响潘浩的决定。那这几位大区经理能从欧阳的决策中得到哪些好处，又是如何被影响的，很明显需要另外一个 A-E 的循环。并且与四位大区经理的沟通要早于跟潘浩的正式谈话。

4. 诊断

在这个案例中，整个诊断的过程就是欧阳决策过程的前两步。读者可以回看前文，学习他是如何一步步诊断现状并得出结论的。

5. 证据

欧阳在跟潘浩谈之前准备了以下资料：

调研数据，组织的哪些行为可以帮助员工提高绩效，其中课堂培训所占比例少于10%，而直接领导的示范和辅导大过50%。

四位大区经理目前面对的最大挑战是：店铺经理和主管们执行力很强，但领导力有待提高，其中就包括辅导能力。

四位大区经理对员工自学新产品知识基本是支持的。

外部供应商做一个线上考试平台的大概周期和预算。

对标竞争对手中人才发展做得好的组织，他们的培训部门把更多的精力放在平台的搭建和结果的管控上。

以上，欧阳完成了在影响潘浩之前的所有思考，至于跟潘浩的谈话，他还是用 GROW 模型来准备的。换句话说，不论进行什么样的谈话，GROW 模型都可以是谈话的框架，而谈话的内容要因人而异、因事不同。

小贴士

实践中很多领导反映：影响别人容易，影响自己的老板最难。这正说明了影响力和职务权力之间的博弈关系：职务权力在一个人有职务优势的时候能够加持影响力，而当这一优势不在的时候，事情的成败更考验一个人影响力的强弱。

本模块举了一个影响老板的例子，如果读者们仍然觉得影响自己的老板有困难，可以先从影响周边的同事开始练习。只不过在练习的过程中请尽量少用职务权力。

很多领导又有另外一个困惑："我的员工都非常拥护我，到底是碍于我的职务权力，还是我真的很有影响力？"这个不能一概而论，不过有一个"事后诸葛亮"的评价标准：如果你的员工有一天离开你，从此以后再与其他领导者共事都有种"曾经沧海难为水"的感觉，大概率你的影响力是超群的。

应对变革：找到不变才能应万变

痛点场景

在前面两个模块中，我们介绍了欧阳是如何做决策以及如何影响他老板潘浩的。这一模块我们继续这个案例，看看欧阳如何带领团队成员一起完成角色的转变和工作内容的优化。

前文说过：团队中有些同事希望通过丰富工作内容学习新知识和掌握新技能，他们比较期待接下来的变化。而另外一些同事比较享受过往的工作模式带来的成就感，加之未来的工作内容和所需具备的技能有很多的不确定性，还处在观望甚至抵触的阶段。

秦媛是团队里最资深的员工，她在一线销售的岗位上工作了将近十年，七年前培训团队需要有店铺销售经验的同事加入，她就转岗到了培训部。七年来虽然出差频繁，但工作内容和工作环境都是她熟悉的，她也在工作中与各地的零售团队建立了非常紧密的关系。

听到欧阳说工作重心将从在店培训转移到课程开发、在店辅导和员工发展管理上面来，秦媛其实是很心慌的。她不太熟悉办公软件的操作，平时收发个邮件、填个报表还应付得来，她担心日后的工作需要很多她不熟悉的技能；而且欧阳讲的那些人才发展理论她也是第一次听到，她不觉得自己有兴趣和能力学习那些东西。她甚至跟团队里其他的同事说："我知道跟着欧阳能学到一些新东西，但我们不可能在这家公司一辈子，将来去了其他公司做培训，万一今天学的东西用不上，那不是白学了？"

第二部分 中级领导篇 127

钱俊大学毕业之后成了一家快速流通消费品公司的管理培训生。两年的管培生训练中，他分别在零售、营销、商品和公关四个部门工作过，让他从不同角度看到企业运作的特点。管培生项目结束之后，因为原公司给的工作岗位跟他自己的期待相差甚远，他就离开了原公司。当时市场上合适的工作机会不多，正好现在的工作岗位对外招聘，他觉得反正自己的职业生涯还处在探索的阶段，不妨一试。

他比欧阳加入公司早半年，已经上手了现在的工作，但他仍然希望探索更多更新的领域。所以，当他知道整个团队会有工作内容的调整时，他一方面挺开心，因为可以继续学习新的东西；另一方面也有点儿迷茫，因为不确定新的工作内容是不是他喜欢的，毕竟他离开前一份工作就是不愿意大部分的工作内容都只能面对着电脑和表格。

理论篇

说到变革，过去20多年最常被提到的一个词叫VUCA。VUCA指外部环境的易变性（Volatility）、不确定性（Uncertainty）、复杂性（Complexity）和模糊性（Ambiguity）。到了2016年，一位学者又提出了BANI的概念，说今天的世界已经不是VUCA时代，而是脆弱的（Brittle）、焦虑的（Anxious）、非线性的（Non-linear）和不可知的（Incomprehensible）。

我们仔细研究以上八个词，就能发现其实BANI的提出并没有取代VUCA的存在。VUCA说的是外部世界，或者我们对外部世界的解读；而BANI是关于人们的内心，关于内在的情绪和意识。

读者们可以在很多书籍和研究资料中找到并学习以上理论，这里我们还是为读者们提供在理论指导下的实用工具。

员工面对工作环境中的变革，可以简单归纳为三种态度：抵触、观望和期待。而领导针对三种不同的态度，又需要采取不同的做法。领导引领变革的目的，就是把抵触和观望的员工向拥护变革的方向推动。

以下变革管理模型就是这一模块要介绍的管理工具。

抵触 找出原因 求同存异 → 观望 了解困难 小步慢走 → 期待 明确目标 计划执行

变革管理模型

方法篇

1. 针对有抵触情绪的员工，领导要做两件事

（1）找出员工抵触的原因：多数情况下，对变革有抵触情绪的员工不会直接把背后的原因告诉自己的领导，但内心或多或少可能会有 BANI 的存在。如果领导不能找出员工抵触的原因，变革就会走向两个极端：要么推进不下去，要么强迫员工执行但效果不好。

（2）找到员工抵触的原因之后，领导要和员工一起探索解决的方案。多数情况下变革是不以个别员工的意志为转移的，换句话说要想不变不太可能，但如果领导可以帮助员工暂时保留那些员工不想变或变不了的东西，同时把工作的变革和员工的根本需要结合起来看，一定能找到一些既参与变革又不至于"伤筋动骨"的切入点。

2. 针对那些采取观望态度的员工，领导也有两件事要做

（1）员工观望说明看不清前面将要发生什么事或是有难处，所以领导要做的就是和员工一起把 VUCA 的"远景"拉近，变成相对清晰的"中景"或"近景"，并尝试理解员工在面对变革时遇到的困难。

（2）了解了员工的困难之后，领导和员工都要知道：变革不会等着你把所有的困难都解决了才发生。所以可以从"小步慢走"开始，一边克服困难一边应对变革，慢慢过渡到"大步快跑"。

3. 对于那些对变革满怀期待的员工，领导也不能什么都不做，这里也提两个建议。

（1）就算变革是组织、团队和个人都期待的，也不能凭一腔热情抓起来就干。我们常说的"初心"在这里就起了关键作用：当大家满怀热情的时候，领导要确保员工了解变革的起因、意义和最终目标。这个目标的制定可以参考第三章，让目标符合 SMART 原则。

（2）有了目标还要有行动方案，行动方案至少要包括四个要素：谁、在什么时间节点、做什么事情、达成什么结果。这四者缺一不可，不然行动方案很有可能变成一句口号。

实践篇

在开篇欧阳推动变革的案例中，很明显秦媛比较偏抵触，钱俊的态度偏观望。我们就分别以两人为例，看看欧阳做了什么。

秦媛不太愿意改变现状主要有以下几个原因：

（1）她觉得自己年龄大了，学习新东西没那么快。

（2）她的孩子刚上小学，她希望有更多的时间陪伴孩子的成长。现在的工作虽然出差比较多，但只要回家，时间就都是自己的。她担心工作内容的转变会带来很多加班，或者就算不加班，回家还要做很多电脑上的工作。

（3）办公软件的应用，也是她的短板之一。她的优势在一线的实操，她很担心未来的工作需要大量用电脑，怕应付不来。

（4）还有一个原因她没有直接告诉欧阳，就是她觉得很多其他公司的培训部门都是在讲产品知识和销售技巧，她不知道自己什么时间会换工作，也不想学一些未来用不着的东西。欧阳是从其他同事那儿了解到这一点的。

找到秦媛抵触的原因之后，欧阳没有直接针对她的顾虑探讨解决方案，而是让她回去思考以下几个问题：

（1）我能理解你要照顾家庭和孩子，但看来你也不想放弃工作。你还不到40岁，你预计自己多少岁退休？

（2）从现在到你退休大概20年的时间里，你预计市场环境会有什么变化？这些变化可能对你的工作产生哪些影响？

（3）为了适应以上变化，你可能需要学习哪些新的知识和技能？

（4）如果你完全拒绝学习新的知识和技能，万一还没到你预计的退休年龄就要被迫离开工作岗位，你觉得自己到时候能承受吗？

（5）如果你可以接受学习一些新的知识和技能，结合目前团队的需要，从哪些技能开始对你会比较容易？

（6）目前看来团队工作重心的改变是一定会发生的，但并不等于完全不做线下的产品知识和销售技巧培训，只是开课数量会大大减少。如果你只愿意做这项工作，可能你的出差范围需要从现在的一个区域扩大到至少两个区域，甚至更大，你愿意接受吗？

（7）如果以上你都不想要，公司是鼓励内部流动的，你以前也经历过一次内部调动。目前公司的哪些岗位是你有兴趣的？我也很愿意帮助你去争取这些岗位。当然这只是在以上问题都无解的情况下寻找不同的解决方案。

以上问题的核心不是解决秦媛面对眼前变化的顾虑，而是回归职业生涯的本源：无论不同阶段的生活重点是什么，我们要不要工作？想要什么样的工作？怎样的状态才能让我们愉快地工作？如果工作到55岁或60岁，我们需不需要持续学习？

如果你是秦媛，你会有什么样的思考？

现在来看看欧阳如何带领钱俊面对和适应工作内容的转变。

根据变革管理模型，针对处在观望阶段的员工，要了解他们内心的不确定因素到底是什么。钱俊是个敢想敢说的小伙子，他明确告诉欧阳：他不抗拒面对电脑的工作，但他希望他的工作内容有超过一半是跟人打交道的。另外，他是误打误撞进入零售培训这一行的，他不确定最终会不会在这一领域发展。欧阳很感谢钱俊的坦诚，也针对他提出的两个职业期待做了进一步的探讨。

经过讨论，他们总结出团队未来工作的以下部分是跟人打交道的：

（1）仍然保留的线下授课部分；

（2）未来可能会强化的线上授课部分；

（3）所有的在店辅导工作；

（4）员工刊物的编纂过程；

（5）员工线上考试平台的设计、测试和完善的全过程；

（6）店铺主管以上的领导力发展项目。

以下部分是比较偏向使用电脑的：

（1）员工刊物的排版和印刷过程；

（2）员工考试平台的后台管理；

（3）每个同事自己日常的行政工作。

以上讨论让钱俊看清未来工作内容的调整并不会与个人的兴趣爱好背道而驰，这就是我们在前文中提到的把VUCA的"远景"变成相对清晰的"中景"或"近景"。

关于钱俊未来的发展方向是不是零售培训，欧阳建议不着急确定方向，但可以看看哪些能力是不管做什么方向的工作都需要具备的，并且从待发展的能力入手，回过头看哪些工作可以帮助钱俊发展这些能力。关于能力的发展，读者可以参考第四章发展员工模块提到的方法。

最终钱俊除了愿意面对未来的工作调整，还主动申请做线上考试平台的项目经理，全权负责从创意到实施的过程。因为他可以非常明确地看到，通过这个项目，他能够发展规划能力、协调能力、沟通能力和决策能力。他将来不论做什么样的工作，所有这些能力都是有需要的。

说到这里，钱俊对变革的态度已经从观望变成了期待，反映在变革管理模型中，欧阳帮助钱俊实现了从左到右的移动。这个时候欧阳作为领导要做的事情就是和钱俊一起就未来的工作内容明确重点、设立目标和制定规划。读者可以参考第三章管理要务模块的三个工具及其应用：

（1）明确工作重点；

（2）设立 SMART 目标；

（3）做出行动计划。

小贴士

亚马逊的创始人说他经常被问到一个问题："未来十年会有什么样的变化？"但很少有人问他"未来十年什么是不变的"。他认为第二个问题比第一个问题更重要，因为组织需要将战略建立在不变的事物上。

这个观点应用在与员工个体相关的案例上同样有效。

面对两个在变革中持不同态度的员工，欧阳做的所有事情都围绕一个出发点：不忘初心。也就是说，我们每一个人在面对 VUCA 的外部环境和 BANI 的心理环境时，脑子里会有各种各样的声音甚至噪声让我们不知道何去何从。这个时候，重要的不是一个一个去面对不同的甚至互相矛盾的想法，而是回归本源，问自己"我想要什么"。

这就是这一模块要表达的核心意思：找到不变才能应万变。

管理绩效：一张图概括绩效管理的全貌

痛点场景

饶刚是一家创业公司的创始人兼 CEO，他在公司里不设 HR 部门，背后的理念是：他不希望各级领导者把与人相关的事情都推给 HR，而是要求"全员懂管理，全员懂人事"。至于有些必须 HR 做的工作，他就采用外包的形式。

说起绩效管理，他和他的管理团队首先想到的是评估销售数据有没有达标，其次是年底要填一份绩效评估表格。所以每到年底他的助理就要去市场上找合适的咨询培训公司，全员做几场"绩效管理培训"，希望通过培训实现两个目标：

（1）全员会填绩效评估表格。

（2）领导会跟员工进行绩效评估谈话，这一谈话的目的是把评估结果告知员工，并让对方接受。

但几年做下来，饶刚发现包括培训在内的"绩效管理"好像意义不大。究其原因，饶刚和整个管理层都知道这些绩效管理的动作对于组织和组织里的每一个员工都是走过场，实在看不到有什么意义和价值，但好像又不能不做。对大多数员工来讲这个过程不疼不痒，对有些团队领导和员工甚至变成了激化矛盾的导火索：领导对员工的绩效不满意，自然不会给高分；员工觉得："我这一整年都是这么干的，你也没说不行，到年底了拿绩效评分来卡我……"

饶刚也研究了一些成功企业的案例，发现有些理论或成功企业的做法好像并不支持他现在所推行的绩效管理体系。一项调查显示：早在2015年，在财富世界500强企业中有6%的企业取消了绩效排名系统，95%的领导者对企业绩效考核中用数字做评价和强迫性的正态分布表示不满。再加上这几年比较热门的关于KPI（Key Performance Indicators，主要业绩指标）和OKR（Objectives & Key Results，目标及主要结果）的讨论，都让他自己也陷入了迷茫。

理论篇

理论上讲，绩效管理是一个领导日常工作非常重要的组成部分，它应该发生在整个绩效周期，从第一天到最后一天。年终评估应是绩效管理的一部分，但它仅是非常小的一个环节。如果组织的各级领导者把年终评估当成了绩效管理的全部，这必然会像饶刚一样面对今天的窘境：平时除了销售数据不知道该管什么，年终打分最终不欢而散。

很多领导有这样的疑问：每天要面对大大小小很多事情，怎么可能天天做绩效管理？这里可能有个误会，就是领导把自己每天忙的事情和绩效管理割裂开了，或者领导习惯性地认为填绩效评估表格才叫绩效管理。

绩效管理全貌模型帮助领导了解日常工作中哪些工作与绩效管理相关，这样领导不抗拒日常花时间做绩效管理，也能让年终的绩效评估有凭有据。

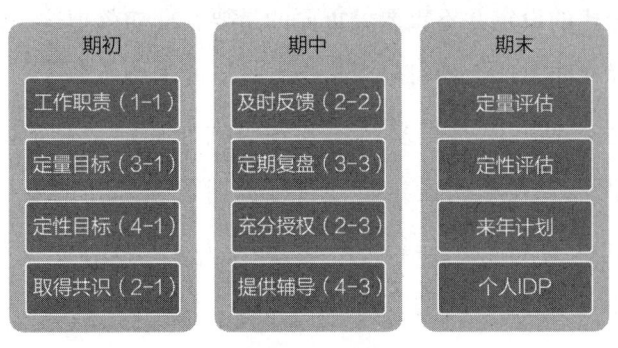

期初	期中	期末
工作职责（1-1）	及时反馈（2-2）	定量评估
定量目标（3-1）	定期复盘（3-3）	定性评估
定性目标（4-1）	充分授权（2-3）	来年计划
取得共识（2-1）	提供辅导（4-3）	个人IDP

绩效管理全貌模型

绩效管理的期初和期中部分列出了领导者应该做的事情，后面括号里的数字代表本书的哪一章和哪一模块（章—模块）会涉及这一话题。换言之，如果领导者在日常工作中做到了本书到目前为止提到的全部内容，那已经在做绩效管理并完成了绝大部分。期末的评估其实就是针对期初设定的目标，这一模块主要展开介绍期末评估到底怎么做。

方法篇

年终绩效评估主要包括四个方面的内容。

首先是评估期初设定的定量目标。用完成的定量结果与定量目标相比较并不难，也没有什么太多需要解释的。唯一需要注意的是：如果员工完成了90%或110%的定量目标，在绩效评分的时候到底应该算"符合预期"还是"超出预期"？这个问题没有标准答案，但建议每个组织要有一套明确的绩效评分指引。比如有些组织规定：

（1）超出预期（或4分，或A）：完成率超过120%。

（2）符合预期（或3分，或B）：完成率在95%~120%之间。

（3）低于预期（或2分，或C）：完成率在85%~95%之间。

（4）不良绩效（或1分，或D）：完成率低于85%。

这里百分比的设定并不重要，重要的是要在期初就把这一设定告诉所有的员工，这样在期末评估的时候就不会有歧义或者争执。

关于定性评估，就是很多组织和各级领导者感觉非常困难的针对态度和能力的评估。在期初设定定性目标的时候，领导就要把希望看到的态度转化为员工日常的工作行为，这里可以参考第四章能力模型。我们在第四章给读者们的示例是"沟通"能力，这里再举一个与态度相关的例子。

示例：

定性目标：积极主动

目标定义：在工作中精益求精，帮助同事，组织和团队利益优先于个人利益。

关键行为：

- 对待自己分内的工作：每一个工作任务完成之后，问自己一个问题：我还能做什么让工作结果更好。如果这个问题有明确的答案，就继续打磨工作直至做到最好。
- 对团队里没有具体分配到专人的工作：在自己力所能及的范围内向主管申请承担其中一部分工作。
- 对紧急并需要加班的工作任务：如果偶尔出现，以大局为重加班完成任务；如果经常性出现，给主管提合理化建议，以便更有效地应对各种紧急任务。
- 对需要帮助的人和事：以对方能接受的方式提供帮助。比如：询问进展、提出建议、适当参与。
- 对组织或团队目前运作中存在的问题或机会：提出建设性反馈，如果暂时没有更好的做法，说服自己并帮助同事按原做法执行；如果有其他解决方案，向上级领导或公司有关部门提出自己的建议。

如果在期初设定目标时，领导和员工能够就"积极主动"这个态度有以上明确的认知，他们双方就可以在全年的定期辅导过程中不断反馈和回顾这一定性目标的达成，期末就可以针对期初设定的目标进行评估。

那到期末在绩效评估表上他们要如何表达员工做到或者没做到呢？这就要用到我们在第二章及时反馈模块中学习到的反馈模型 STAR 了。

举个例子：

对需要帮助的人和事：上个月销售部举行一年一度的顾客回馈活动，大家都在活动现场，有一位顾客记错活动地址来到了办公室（S/T），财务部的同事看到后把来访者请到会议室，马上联系销售部的同事，并帮助顾客安排了去到活动地点的用车（A），客户在活动开始前顺利到达并盛赞我们公司的顾客服务（R）。

如果你能熟练地把态度或能力转化为行为，并以STAR列出绩效事实，是不是定性评估就没有那么难了？

"回顾过去"之后，期末还有一项很重要的工作就是"展望未来"：做下一年的绩效计划。这又回到了期初的几项工作：明确职责，设定定量和定性的目标，并达成共识。这里提醒各位领导：定性目标的"关键行为"就是能力模型中的关键行为，而把这些关键行为设定为目标，只需要加时间状语。比如：在什么状况之下、在什么时间点或以什么频率展现组织所提倡的行为。

最后是个人发展计划，每个组织的侧重点不同，建议至少包括以下几个方面的内容：

（1）员工希望在新的一年从事哪些岗位的工作。可以是原本的工作岗位，也可以提出对组织内其他岗位的兴趣（包括晋升）。

（2）针对以上员工的个人期待，找出2~3个待完善或发展的能力。

（3）针对这2~3个待发展的能力制订发展计划，计划中要包含我们在第四章提到的"70—20—10"理论中所有的发展手段。

（4）如果组织内部有异地调派的可能性，员工也要在IDP中明确告知：是否愿意接受调派，以及可以承受的调派时长。

以上所有期末要做的事情，都可以体现在一张绩效评估表格里。

实践篇

饶刚和他的管理团队在第三方顾问的帮助下,设计了年终绩效评估表。

年终绩效评估表

上一年绩效评估							
主要职责范围	工作任务	年初设定的目标	目标是否修改	目标完成情况	绩效评分	整体绩效评分	
岗位能力/态度	关键行为	年初设定的目标	目标是否修改	目标完成情况	绩效评分		

下一年工作计划		
主要职责范围	工作任务	工作目标

续上表

岗位能力/态度	关键行为	工作目标

个人发展计划 (IDP)				
有兴趣的岗位	待发展的能力	发展计划		
		10% 正式学习	20% 向环境学习	70% 在岗实践
是否接受调派		如接受,倾向调往何地及时长		

补充评语及签字		
员工	主管	上级主管

读者可能会问:表格的内容变来变去,最终不是还要填表吗?要回答这个问题,我们还要回到绩效管理全貌模型:如果我们在整个绩效周期中什么都没做,只是期末填了个表,那这张表格不可能实现绩效管理的目标。反之,如果各级领导者能够在期初和期中充分展现绩效管理全貌模型中提到的所有领导力行为,那期末的这张年终绩效评估表就不再是走过场,更不是绩效管理的全部,而是回顾过去和展望未来的有效工具。而且从表格中"过去"和"未来"所占的篇幅比例,也能给员工一个直观的印象:评分不是目的,明年做什么、怎么做,以及员工的发展才是组织最关心的重点。

除了绩效管理全貌模型中提到的所有领导力行为,关于期末绩效评估还有一个运作层面的话题：绩效评估到底应该员工自己先做然后跟主管谈，还是主管先做然后通知员工。这两种做法各有利弊。综合来看，员工完成第一稿之后与直接主管进行绩效评估谈话的做法更合理。这又带来另一个问题：员工自己先做会给自己打高分，跟主管谈的时候如果主管不同意员工的打分，会不会弄得双方很不开心？

建议整个评估流程这样安排：

（1）主管和员工双方平时就要定期辅导，并收集绩效资料，不要等到年终评估的时候再沟通。

（2）年终评估的时候员工先完成评估表格的绩效事实部分，但不做绩效评分。

（3）双方进行绩效评估谈话的时候把注意力放在绩效本身，而不是就评分讨价还价；把所有的绩效事实都列出来之后，评分是水到渠成的事。

（4）如果遇到员工确实付出了努力但绩效目标没有达成的情况，定量的部分仍然要根据实际情况评分，可以在定性部分适当调高评分，以鼓励员工在实现目标的过程中付出的努力。

（5）绩效谈话结束之后直接主管以上的各级领导者不能再调整绩效评分，因为在一个分工明确的组织里，高级领导不会比员工自己和他/她的主管更了解他/她的绩效。

在运用以上流程的过程中，只要领导者的沟通技术没有太大偏差，不太会出现不愉快的场景。

小贴士

这一模块是中级领导篇最后一个模块，我们用绩效管理全貌模型把前面五章的相关内容做了个总结。这一模型中的每一点都是一个领导力技巧，每一个技巧都需要不断练习才会做到熟练和游刃有余。

关于绩效管理，还有几个很有趣的话题，我们不展开讨论，但要提醒领导者自己思考并找到对所在组织最有效的方法：

（1）关于 KPI 和 OKR 的讨论。市场上比较主流的说法是：KPI 是结果，是从上到下摊派的，所以员工没有积极性和主动性；而 OKR 是过程，是自下而上提出的，所以更有利于组织的发展。我只能说：任何一个工具本身并没有好坏对错，能不能在组织中起到作用，取决于整个组织的领导团队和领导体系是如何运用这个工具的。

（2）该不该用数字评分或强制正态分布来展示绩效结果。这就要溯源最早数字评分和正态分布要达成的目标：在绩效结果一目了然的前提下，让奖金的分配更合理及被大多数人接受。所以这一做法该不该被保留或摒弃，取决于今天的组织还有没有以上需要或者这一需要能不能被其他做法所替代。

（3）绩效管理到底要不要填表。还是那句话，工具没有对错、表格也没有对错，错的是我们在绩效管理过程当中只依赖表格而没有展现其他领导力行为。

> 第三部分

高级领导篇

善为士者，不武；
善战者，不怒；
善胜敌者，不与；
善用人者，为之下。

——老子《道德经》

老子这段话正是一个高级领导应该有的样子：做将帅却不逞强尚武，善战而不轻易动怒；常胜无须正面冲突，知人善任而又礼下于人。

高级领导是指需要进行战略决策的领导，而不是指职位很高的领导。如果"××总监""××副总裁"级别的领导的工作内容还处在执行的阶段，没有战略决策的责任，那就不是这里说的高级领导。

高级领导篇更偏重策略和方法的结合，就是为高级管理者提供管理模型和思考方向，以帮助他们建立起适合自己组织发展的生态环境和人才战略。

组织人才战略模型包含了战略分析、战略规划、战略执行三个方面的内容。这一部分的内容将拆解这一模型，帮助高级领导从不同的维度理解组织人才战略及其实施。

组织战略和人才战略一定离不开业务场景，但本书尽量不涉及业务战略，因为不同行业、不同组织的业务战略没有可比性，所以高级领导篇的所有内容也都围绕组织战略和人才战略展开。

战略分析
生态环境
行业趋势
技术支持
组织基因

战略规划
组织文化
组织能力
组织诊断
组织发展

战略执行
选才
培养
任用
留任

组织人才系统：规章制度、薪资福利、工作流程、考评机制等

组织人才战略模型

第六章

战略分析及规划

本章用五个模块的篇幅，展示战略分析及战略规划的基本理论和模型如何帮助组织完善战略。

（1）战略分析：组织战略分析模型帮助高级领导由大到小、由远及近地分析组织现状，制定组织战略。

（2）组织文化：很多高层管理者在创建和践行组织文化的时候都会担心"文化"太虚，只是贴在墙上的一句口号。组织文化四大维度模型帮助高级管理者把口号变成行动。

（3）组织能力：我的客户中大概有一半的企业有岗位能力模型，却很少看到对"组织能力"的研究和界定。组织能力模型帮助高级领导从四个方面界定组织能力，并把组织能力转化为组织行为。

（4）组织诊断：组织和团队健康与否，应该有一套科学的标准，就像我们去医院做的各种检查，都有统一的标准。组织诊断六要素模型就提供了这一标准。

（5）组织发展：组织发展四支柱模型帮助高级领导从四个关键的方向思考组织发展的议题，并以成功企业为案例诠释了四支柱在组织发展中的关键作用。

战略分析：站在全局的角度思考组织战略

痛点场景

孙昊的前几段工作经历都在500强企业，几年前加入了奢侈品行业，在一家大奢侈品集团磨炼了几年，最近有个机会去了一个轻奢品牌做中国区行政总裁。

中国区行政总裁需要向亚太区行政总裁进行汇报，面试的时候亚太区行政总裁跟孙昊谈了很久，双方也都挺满意。本来以为这件事就这么敲定了，没想到等了几个星期一直没有消息。正当孙昊觉得可能这件事就算过去了的时候，他被通知还有最后一轮面试，是通过视频连线全球CEO。孙昊一方面觉得公司挺重视中国区行政总裁这个职位，另一方面隐隐感觉到亚太区总裁不能决定这件事。他分析来分析去觉得中国市场这么重要，全球CEO参与决策也是合理的。

入职之后才知道，原来这个品牌已经酝酿了很久，要让中国市场直属总部，事实上品牌的其他几个市场早就以单一市场的形式直属总部了。中国区行政总裁这个职位在这一变化中承担至关重要的角色，甚至他的前任就是因为没有处理好才离开的。

入职之初，全球CEO就几次约谈孙昊，要求他看事情要有格局。孙昊思来想去不明白CEO说的格局到底是什么。

理论篇

我们先来看格局的解释："格"是具象的，指事物的框架；"局"是抽象的，指发展的趋势。古人对于格局有这样的描述："审格局，决一世之荣枯；观气色，定行年之休咎。"

"格局"是道和术的结合。组织里针对领导者谈的格局指的是领导者能不能站得高看得远，能不能基于组织内外部的现状及未来发展的趋势作出有效的决策，特别是战略决策。

"格局"在组织战略中的作用体现以下两个方面：

（1）在战略分析中考虑四个方面的要素：生态环境、行业趋势、技术支持、组织基因。

（2）在战略规划中明确组织文化、组织能力、组织现状和发展体系。

本模块就从战略分析的四个要素走进孙昊的工作，让读者了解这四个要素是如何影响一家公司的组织战略的。而本章的后面四个模块将分别解读组织战略规划的四个组成部分。

方法篇

战略分析是一个漏斗形的思维过程，见组织战略分析模型，读者可以在分析组织战略的过程中依次思考四个维度对组织和人才战略带来的影响。

1. 生态环境

生态环境一方面指组织所依赖并生存于其中的大环境，包括经济生态、社会生态、政治生态等；在组织和人才战略的分析中，还包括所在市场的人口结构生态、劳动力生态、政策生态等。

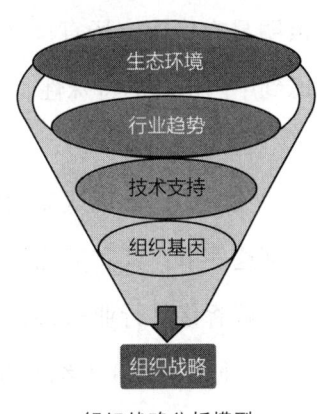

组织战略分析模型

2.行业趋势

行业趋势分析不仅包括组织所在的行业，也包括周边行业以及可能促进或抑制本行业增长的行业因素。

3.技术支持

技术支持也是生态环境的一部分，现在很多组织把它独立出来作为一个战略分析的元素，是因为现在的组织和人才战略很大程度上不仅依赖有形的技术，可以理解为硬技术，更依赖高级领导对技术的认知和前瞻性，可以理解为软技术。

4.组织基因

组织基因是指组织中任何本组织所独有的特质，它们或宏大或微小，却都在很大程度上影响着组织和组织内所有员工的"身份认同"。

这似乎不太容易理解，我们直接用孙昊的案例来诠释分析的过程，并向读者展示孙昊分析的结果。

实践篇

1.生态环境

前文说过生态环境包括很多方面，这里只讲其中一个维度，地理环境。很明显在中国市场直接复制其他国家市场经验的做法有欠妥当。我们必须考虑到中国市场的特殊性。

2.行业趋势

关于中国市场从亚太区市场单列出去，与区域市场平级汇报给企业全球总部这件事，其实近几年各个行业都能见到，原因各不相同。

就奢侈品行业来讲，多数的发展历程是这样的：品牌进入中国，时间早的可以回溯到20世纪八九十年代，晚的可能是21世纪初。当时中国市场的销量不大，所以通常中国市场都是品牌亚太区战略的一部分。

但随着中国市场的日渐壮大，很多品牌的总部看到中国顾客的独特性，就希望中国市场作为一个独立的区域直接汇报给总部。其实中国市场不是第一个被各个品牌总部看上的单一市场，很多品牌的美国市场很早就已经是独立的市场了，而且由于很多奢侈品品牌发源于法国和意大利，这两个市场可能从一开始就是区别于欧洲市场，独立汇报给总部的。

3. 技术支持

我们从品牌营销的角度举个例子：奢侈品在国内的税率很高，必然带来国内外市场的价差，2020年之前很多顾客选择在海外的市场购买。

如果中国市场真的变成一个独立的市场，为了留住顾客，中国市场的管理者势必会把大部分营销预算花在愿意继续留在国内消费的顾客身上。那谁是在国内消费的顾客呢？奢侈品行业的普遍现象是：三、四线城市的顾客在一、二线城市消费的可能性更大，而一、二线城市的顾客海外消费的比例更高。也就是说，如果中国市场变成一个独立的市场，为了销售业绩的达成，经营者必然会把更多的营销预算花在三、四线城市。

问题来了：对于奢侈品品牌，在中国这么重要的市场上，如果三、四线城市的营销投入比一、二线城市还多，不符合品牌形象。

4. 组织基因

组织基因包括很多方面的内容，比如组织的历史、传承、文化、约定俗成的规则等。这里我们来提一点可能被很多组织忽略的因素：经营者的情感因素。亚太区的经营者把中国市场作为品牌的重要市场，让他们放手可能会心有不甘；可是总部想收回去直接管理好像也没错。

以孙昊在这家公司的职位、年资以及对组织文化的了解，他短时间内根本不可能全面了解到各方的立场和看法。

以上并不是孙昊思考的全部内容，我们只是在战略分析的每一个维度中举了一个浅显易懂的例子，让读者直观了解这四个维度到底如何帮助管理者实现有"格局"地看问题。总之孙昊的结论是：以中国市场的现状来看，他不认为短期之内独立汇报给总部是一个好的选择，即使将来有机会他也看不到具体时间点。

坦率来讲孙昊得出这个结论，也体现了他真心想把品牌做好的决心和勇气，毕竟中国市场单列出去对他个人的发展来说是利大于弊的。

接下来孙昊将面对一个很大的挑战：如何以有智慧的方式向两位老板特别是CEO阐述他的观点。我们在第五章讲过影响力的话题，但那一模块介绍的影响力在这个案例中还远远不够，孙昊将要运用到高级领导的个人影响力，在本书中没有涉及。

读者一定想知道这个故事的结尾：写下这段文字的时间是五年后，孙昊还在这个品牌工作，中国市场仍然汇报给亚太区。唯一的变化是亚太区的总部搬到了上海，并且他接替了他的上级做了亚太区的行政总裁。

小贴士

战略分析是一个非常灵活的话题，没有办法用一张表格来涵盖组织战略分析的全部内容，因为每一个组织所面对的内外部环境差异非常大，组织想实现的长短期目标也各不相同，由此带来的组织战略和人才战略差异性非常大。

但规律总是有的，战略分析的漏斗模型就是一个非常好用的思考工具。在日常的工作和战略决策中有效地运用这一模型，多数情况下能够完整而全面地作出组织和人才战略决策，而完整性、全面性再加上影响的智慧正是"格局"的体现。

组织文化：四大维度让"文化"不再空泛

痛点场景

谭娜是一家服装企业的创始人。企业创立二十多年来不断发展壮大，今天已经发展成为覆盖各个品类的区域性品牌，在亚洲几个国家都有不俗的表现。

几年前谭娜的企业遇到发展瓶颈，过往的成功经验已经没有办法确保未来的成功。同时她也意识到当年的创业团队在企业发展之初靠使命必达的执行力取得了很大成就，但面对未来的发展明显后劲不足，不输入新生力量就很难与国际市场接轨。

于是她从一些国际大品牌吸收了不少人才，但这些人才加入短短几个月之后问题又出现了：老团队很难接受新团队，新团队也没有办法融入既有文化。矛盾最严重的时候，那些从国际品牌来的同事如果在谈话时说出一两句英文，老团队的同事就装听不懂拒绝回应。

公司的人力资源团队也是新老结合，他们意识到这是个问题就尝试做了一些沟通和团队融合相关话题的培训，也希望通过定期的团队建设活动来改善状况，但效果都不理想。

理论篇

这是一个非常典型的组织文化建设的案例。那些沟通和融合的培训之所以不奏效，是因为治标不治本，能力和技术如果没有文化的平台支撑就不可能发挥它应有的作用。

如果寻找对"文化"的定义，大多数是这样说的：文化是人类在长期发展中创造、积累和沉淀下来的精神和物质财富的总和，它具备历史性、传承性和发展性。

其实文化就是根植于一群人内心的信念以及由此而产生的行为。举个例子：有个组织的文化非常强调实事求是、真抓实干，这是信念的部分。但光有信念并不是文化本身，这种信仰要根植于每一个员工的内心并转化成行为，文化才算建立起来。为此，这个组织对于不同层级的员工提出了以下要求：

（1）对于高管和中高管：任职的前三个月必须在最基层工作并在结束基层工作时提交对自己职责范围的完整认知报告。接下来的工作中也要每月有1~3天的时间直接在基层解决一线的问题。同时，每年都会组织高管团队去走沙漠，让他们体会在艰苦的环境中回归本心。

（2）对于初级管理者：除了是管理者，他们首先是业务能手，所以他们工作内容的一半甚至更多仍然强调个人专业的精进。组织给到他们足够的权力，让他们在职责范围内解决一线超过80%的问题。

（3）对于基层员工：模仿亚马逊的"按灯制度"，让一线员工有权在发现问题的当下及时提出问题，不需要经过层层汇报就能引起高层决策者的注意，提高效率、减少内耗。

组织中的所有成员在这些制度或规定的指引之下，长期践行所形成的习惯和行为才最终能够被称为组织文化。

由此可以看出：

首先，文化是信念，这一信念往往来自组织的创始人或组织的使命、愿景和价值观；

其次，文化是一系列的执行过程，包括大量软性的宣讲、激励和硬性的制度、规范；

最后，文化是否得以建立要看组织中大多数人的行为是否体现了组织的信念。

组织文化四大维度模型以直观的方式展现了"文化"不再空泛的内涵。

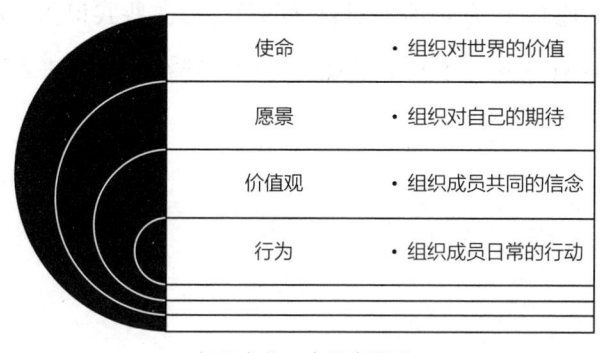

使命	·组织对世界的价值
愿景	·组织对自己的期待
价值观	·组织成员共同的信念
行为	·组织成员日常的行动

组织文化四大维度模型

方法篇

既然文化首先是信念，并来源于组织的使命和愿景，那就先要把这两个概念搞清楚。

简单来说，使命就是一个组织的存在对世界、人类、环境的意义和价值，一般用非常短的一句话来表述。这里举几个知名公司的使命宣言：

华为：实现客户的梦想。

阿里巴巴：促进开放、透明、分享、责任的新商业文明。（我们耳熟能详的"让天下没有难做的生意"是淘宝网的使命。）

迪士尼：使人们快乐。

而愿景则是一个组织对自己的期待，它描述了组织期待自己在未来成为什么样子，一般也是用简短的一句话来表述。我们再来看几个例子：

中国移动：成为卓越品质的创造者。

阿里巴巴有三个愿景：分享数据的第一平台；幸福指数最高的企业；活102年。

迪士尼：成为全球的超级娱乐公司。

多看几个大企业的使命宣言和愿景描述，我们就比较容易分清楚这几个概念：因为我们对世界、对人类有这样的承诺（使命），对组织未来的发展有那样的期待（愿景），所以我们对自己的行为有一些共识和约定（价值观）。

一般的企业有三到五条对价值观的描述。现在我们再来看阿里巴巴的价值观：

客户第一；

团队合作；

拥抱变化；

诚信；

激情；

敬业。

这里举了阿里巴巴的例子，是因为市场上能够找到非常多关于这个组织业务发展或者人才发展的故事。很多中小企业想学习和模仿它，但成功的不多。究其根源，很多企业是在学它的做法，但没有那些做法赖以生存的土壤，而它的使命、愿景、价值观正是土壤产生的源头。

实践篇

回到谭娜的企业：二十多年前初创的时候它只是东南沿海一个很小的服装代工厂，早期的员工也就是今天的高管们几乎都是家族成员。组织发展的前十几年都是谭娜一个人做决定，不论对错大家都没有异议并坚决执行，这也是组织能在十几年间快速发展的原因之一。

过往的成功经验很明显不能支持未来的发展。谭娜早就意识到引进人才和科学管理方式的重要性，但家族企业大多数是排外的。她是企业的创始人更是家族的一员，夹在新旧两股势力中间其实她比谁都难受。

谭娜愿意花时间建立整套文化体系，于是建立了一个"文化建设委员会"，成员包括总部所有直接汇报给谭娜的高管和各分公司的一把手，一共二十几个人。同时聘请了一个外部咨询顾问，由他带领"文化建设委员会"的所有成员一起探讨并创立新的组织文化。

刚开始有人提出异议："不就是写几句口号的事吗，何必这么兴师动众。"在项目启动会上，咨询顾问向所有的与会者解释了这么多高管齐聚一堂的原因："如果只是几句口号，在座的任何一位花半个小时都能写出来。但企业的使命、愿景和价值观如果在高管层面都不能达成一致，就不可能成为整个组织中每个人的信仰和实践，那就真的只是一句贴在墙上的口号了。"

当时二十几个高管谁都没想到他们花了一整天的时间竟然没统一那几句简单的口号。第一天会议结束之后他们才意识到，越是统领全局的信念越不容易达成一致。不过有了一整天讨论甚至是争执的基础，大家都对使命和愿景以及要达成什么目的有了明确的认知，也充分表达了自己的看法。于是咨询顾问建议把最终完善使命和愿景的工作留给谭娜，她基于大家一整天的工作成果，确定了初稿之后再交给大家讨论通过。

同时咨询顾问把所有的高管分成两组，让他们分头去讨论基于大家对使命和愿景的认识，组织的价值观应该是什么。咨询顾问特别把新旧两股势力分开，谭娜有些担心：还从来没有人这么明确地承认和正视矛盾。但谭娜给了咨询顾问最大限度的信任，她知道咨询顾问这样分组一定有原因。

一开始两个组都想用其他组织的价值观来拼拼凑凑。咨询顾问给他们的建议是：可以借鉴别人的表述，但不能生搬硬套。所以咨询顾问给他们提了以下几个问题，请他们在回答问题的过程和最终的答案中逐渐明确组织的价值观：

结合业务：

（1）用不超过四个词或词组描述组织的DNA。

（2）组织创立至今，哪些行为或方法带给我们今天的成就。

（3）对标全球最成功的服装品牌或我们目前的直接竞争对手，找出至少三个我们的优势以及三点差距。

（4）以上三个问题的答案结合在一起，在未来至少十年的发展中哪些我们擅长的行为和方法该被保留，哪些有可能过时甚至阻碍我们发展的做法该被摒弃。

结合已经讨论出来的使命和愿景：

（1）要想变成理想中的样子，我们的组织从今天开始应该做哪些调整（可以是业务方向，也可以是产品线，还可以是任何建议）。

（2）以上的调整会不会触及我的个人利益。

（3）如果会，我将做出怎样的回应。

（4）如果不会，我将做什么来支持这些调整。

结合高管团队目前的合作状况：

（1）列出不超过三条我最看不惯另外一个组的工作行为。

（2）列出不少于三条另外一个组具备而我刚好缺乏的竞争优势。

（3）如果组织里只有我们组而没有另外一组的成员，组织的发展将遇到怎样的挑战。

（4）如果精诚合作是我们唯一的选择，我们将如何善待彼此（这个问题的答案越多越详尽越好，同时这里提的所有建议必须是组织里所有的人都应该执行的，而不只是拿来要求别人）。

当咨询顾问在会议结束之前把以上十二个问题展现在与会者面前的时候，看到二十几位高管若有所思的样子，谭娜会心一笑。咨询顾问没有作过多的解释，再次确认大家对这十二个问题的理解没有疑问之后就结束了会议。

不出所料的是，接下来的讨论对两个组都是个烧脑的工作，因为读者能看出上面的每一个问题都是在让他们思考别人存在的价值和自己该有的改变。而出人意料的是，两个组讨论之后的答案竟然非常接近，这说明在面对组织未来发展的大是大非面前他们足够专业和理性。

在第二次的项目组全体会议中，谭娜首先提出了她自己的看法：结合大家在第一次会议上的讨论结果，她对组织的使命和愿景提出了如下建议，也得到了大家的一致认同：

使命：让时尚与舒适并存。

愿景：以设计、面料、服务和管理为依托，成为行业翘楚。

同时，结合两个小组对组织文化的讨论，谭娜带着大家总结了组织文化的关键词：

不忘初心，顾客至上（对DNA的坚持）。

大胆创新，引领潮流（未来的业务方向）。

兼容并蓄，友爱包容（团队的合作模式）。

接下来项目组的工作就是把这些看上去仍然像口号的表述转化成日常的工作行为，就这个项目而言这已经不是什么困难的事了。如果各位读者觉得这一部分仍然有难度，可以参考中级领导篇的能力模型和管理绩效模块，回顾如何把能力和态度转化成行为。

于咨询顾问而言，组织的使命、愿景和价值观被确定下来，并且产出明确的行为指标，咨询项目就结束了。而对于谭娜和她的高管们来讲，他们的工作才刚刚开始：就像我们在这一模块开头的时候提到的，文化不是贴在墙上的一句口号，而是深植于每一个员工内心的信仰和付诸实践的行为。谭娜和她的团队后期做了很多工作也取得了非常明显的进展，组织的发展也越来越健康。

小贴士

最近几年很多组织都在做内部系统建设的工作，包括工作流程的梳理、能力模型的搭建、人才梯队的盘点、人力资本的规划等。但凡项目初期高级领导足够重视，项目进行过程中所有利益相关人全程参与的组织，后期的实施和应用就比较顺利。

所以借这个案例提醒所有的高级领导：我们都会画"紧急/重要"的四象限图，组织发展和人才发展多数情况下是在"重要但不紧急"的象限。如果组织的高级领导不重视和督促这一象限的任务，那些看上去"又紧急又重要"的任务就变成了无源之水、无本之木，可能短期之内仍然可以完成得很好，但长远来看有可能事倍功半。

另外，咨询顾问给高管们提出来的十二个问题，可以作为文化建设的基础思考。当然每个组织的状况不一样，肯定不能照搬照抄这些问题，但可以借鉴这一思路建立自己组织的文化体系。

组织能力：高效实用的组织能力

痛点场景

尤金刚刚加入一家公关公司做人力资源总监。公司不大，员工大概150人，但生意非常好，客户都是各个行业的知名企业。

公司老板也是创始人，在尤金入职之初就跟她分享了在企业管理上遇到的一个非常大的挑战：不优秀的员工没办法服务好客户，优秀的员工非常难管。经过一段时间的观察，尤金理解了老板的痛点。

就以开会的出席率为例，尤金可以接受员工平时迟到，毕竟他们的工作经常加班加点。但老板召集的全公司大会都有一半的员工迟到早退，让尤金觉得老板有点儿管理不严了。

于是，她尝试严肃工作纪律，但马上遭到来自员工的强烈不满，老板也告诉她这个行业不同于她从前工作的行业，让她给大家多一点时间。

公关这个行业是一个非常依赖从业人员个人能力的行业。在这样的行业中，如果组织能力不能制约个人能力，员工管理就无从下手。就好像一家明星经纪公司，明星再大牌，一纸合约就是经纪公司的组织能力。

理论篇

人力资源管理专家戴维·尤里奇在他的著作《赢在组织》一书中这样定义组织能力："在达成为利益相关者创造价值的战略过程中，组织所擅长的方方面面可以被称为（组织）能力。"也就是说，组织能力与我们在第四章所介绍的个人能力不同，它很难做成一个"能力池"让组织想用哪个选哪个，而是需要根据组织的特点来度身定制。

这个组织能力模型是一个二分法的模型，它指出了组织能力的思考方向：上下两个方向主要看股东利益和员工福祉，左右两个方向看组织内的核心技术和组织外的客户需要。

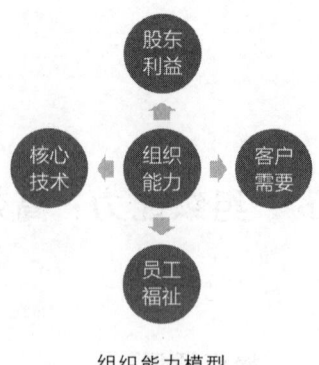

组织能力模型

方法篇

我们就从这一模型所指出的四个方向来举例说明组织能力可以如何界定。

1. 客户需要

首先是客户需要："客户导向思维"必须是其中一个重要的组织能力。

以消费品市场为例，我们从前听到的品牌名字很多是这样的："康师傅""老干妈""李锦记""农夫山泉"等。这些品牌都有一个特质，就是从"我"的角度命名品牌，这个"我"多数是创始人或品牌特质。我们再来看看现在市场上很多网红品牌的名字："人类快乐""舌尖满分""蒸煮江湖"……它们都有一个共同的特点：从客户的角度去思考。

"客户导向思维"这一组织能力不仅可以体现在营销上，也可以体现在组织运作的方方面面，比如组织目标的设定、产品的研发、工作流程的设计，当然也包括组织架构和工作岗位设计。

2. 员工福祉

我们在初级领导篇和中级领导篇中探讨了很多以尊重、鼓舞和激励员工为出发点的领导力技巧，那些技巧的有效运用毫无疑问能够帮助个体领导增强团队黏性，提升团队绩效，同时留住员工。

但从组织系统的层面，我们不能依赖领导者的个人技术，还要在组织层面具备吸引和留住员工的能力。"打造雇主品牌"就是其中一个组织能力。

市场上有一些"优秀雇主品牌"的评选活动，参与评选的多数是大企业，其实我们身边有很多小企业在打造雇主品牌这件事上有非常多值得借鉴的地方，比如：

（1）欢迎员工在离职后第二次甚至更多次重新加入公司。

（2）管理层80%来自内部晋升。

（3）对员工的称谓从传统的"员工"（Staff）改为"伙伴"（Partner）。

（4）设立员工关怀热线，并允许员工在上班时间寻求热线的帮助。

（5）在员工福利中增加直系亲属每年一次体检或旅游。

（6）在公司内设置小型健身房和简单的洗浴配套设施。

（7）免费员工午餐，或每天下午免费提供水果和零食作为员工下午茶。

…………

以上做法有大有小、有的花钱也有的不花钱，核心是组织能不能站在员工的角度去思考他们的福祉，而且是结合自己组织和行业的特点创新性地思考。

有一家在业界非常有口碑的房地产中介公司，在创建初期把每年一次的员工表彰大会放在人民大会堂，并邀请所有受表彰员工的父母参会。

早期房地产中介这个行业相对来讲入职门槛比较低，员工来自四面八方。想想看：一对含辛茹苦的父母很有可能第一次去北京就是被自己孩子的老板邀请，并且还能走进人民大会堂，看着自己的孩子上台领奖……这个组织在员工激励和留任这件事上就赢得了广泛好评。

当然这一做法未必在所有的行业或企业都奏效，所以我们才说组织能力的打造是一个非常个性化的思考过程。

3. 核心技术

组织能力反映在组织有哪些独特或不可复制的核心技术。说到"独特或不可复制"的核心技术，读者们首先想到的可能是取得专利的技术，也可能是门槛很高众人望尘莫及的技术，比如火箭制造并回收的技术。我们就没听说过除了埃隆·里夫·马斯克之外还有其他的私人公司拥有这个技术。

没错，以上技术可以被归类到"硬技术"的范畴，绝对是组织能力的一部分。这里我们介绍组织的一个"软能力"：自我否定与快速迭代。

举一个大家都很熟悉的例子：对于"60后"到"80后"的人来讲，柯达的广告语"串起每一刻"是人生回忆的一部分。2012年1月19日，柯达提出破产保护申请。在之前的15年间，柯达的市值从300亿美元蒸发到只有1.75亿美元。很多教材都拿柯达做案例，我们也都知道它是被数码相机打败了。可是，柯达实验室早在1975年就研发出了世界上第一台数码相机，2006年推出世界上第一部双镜头静态变焦数码相机，随后又推出了世界上最小的10倍光学变焦双镜头数码相机。

要说核心硬技术，当年的柯达绝对足够独特、先进和不可复制，但组织能力中缺少了另外一项能力：自我否定与快速迭代。对于巅峰时期的柯达来讲，自我否定太难了："用数码相机占领胶片市场完全是自己拆自己的台。"当时柯达的领导们就是这么想的。结果我们都看到了：自己拆台的同时是自己搭台的过程，而被别人拆就什么都没有了。

4. 股东利益

股东要的是投资回报，所以组织能力中但凡能提升投资回报率的都与股东利益相关。我们就举一个最直接的例子：提升运作效率。

"提升运作效率"可以被看成一项组织能力，而在这个能力下却没有一定之规说组织该做什么。如果组织能够根据市场环境，快速且没有阻力地完成以下工作，都可以被认为是具备这一项能力的：

⊙ 改善工艺流程；

⊙ 优化顾客动线；

⊙ 简化审批流程；

⊙ 有创意地解决问题。

海底捞优质服务的案例，其实是组织能力的一部分。从服务的角度看，当员工有权送菜、打折、免单甚至不用请示汇报就能提供其他增值服务，提升了顾客体验；而从组织效能的角度，赋予员工决策的权力，组织就能大大减少汇报层级、缩短决策时间、加快反应速度，而这些正是组织"提升运作效率"这一能力的体现。

实践篇

回到尤金所在组织，我们来看看尤金和他老板是如何从以上所讲的四个维度打造组织能力的。

1. 客户需要

尤金和她老板一致认同"客户响应度和反应速度"是一项非常重要的组织能力，这也借鉴了《赢在组织》一书中对组织能力的描述。

尤金和管理团队同时明确了自己的组织在这一能力项下应该做哪些事情：

（1）通过每一个项目的精益求精，与现有客户建立长期信任关系。

（2）在客户遇到问题或困难寻求帮助时，第一位接收到信息的员工要在双方都认为合理的时间内（最长不超过 24 小时）回复客户；如需内部转到其他同事处理，只能转一次，以免客户感觉被"踢皮球"。

（3）根据市场环境的变化，如果组织内有任何阻碍组织灵活度的流程或规章制度，每一位高管都有义务随时提出，最迟在下一次月会上讨论并解决。

2. 员工福祉

尤金所在的企业大多数员工都是"90 后"，甚至已经开始有"00 后"加入了。过去的十来年人力资源领域有大量关于 Y 世代或 Z 世代的研究，就是针对这一代人。他们的家庭结构刚好是 4—2—1（4 位老人—2 个父母—1 个孩子），上两代人的财富积累全都汇集到他们身上，这些人很难用薪酬打动，但薪酬给不到位也不行。同时，这些员工有超过一半都是单身，不跟父母一起住，打亲情牌好像起的作用有限。

尤金观察了很多员工的工作模式和他们与领导的相处模式，发现"尊重、话语权和成就感"是组织里大多数员工看重的。她就和老板商量在这些方面做了很多细微的调整，比如：

（1）把一个大项目拆成几个甚至十几个小项目，把"成为小项目经理"作为员工激励的手段之一。

（2）公司根据不同项目或工作内容的特点，不定期举办"好主意"大赛或其他的评奖活动，获奖员工有物质奖励，更有机会根据自己的想法帮助组织优化现有的工作设计或流程。

（3）因为年轻员工很多，大家愿意下班聚在一起参加一些共同感兴趣的活动，但不是公司组织的"团建活动"。尤金让大家自愿组队，超过 10 个人的兴趣小组就能获得公司提供的一部分资金支持，也欢迎带公司以外自己的朋友参与，并且多数情况下老板不出现。

（4）遇到开会这种期待员工全员参与的活动，首先承诺准时开始准时结束，其次根据行业特点尽量不安排很早就开始，在充分尊重员工的前提下，也寻求员工的尊重。

3. 核心技术

公关行业是一个入门门槛不高但做好非常不容易的行业。市场上大大小小的竞争对手很多，服务质量也参差不齐。针对这一特点，老板带领高管团队一起找到了自己企业的核心技术三支柱：

（1）完善的工作流程体系（小竞争对手做不到）；

（2）良好的业内口碑及获客能力（新竞争对手做不到）；

（3）宽松友好的工作氛围（管理理念偏集权的竞争对手做不到）。

确定了以上三点组织能力，管理团队就可以抓大放小，把主要的注意力集中在强化组织能力优势上面。

4. 股东利益

尤金所在的组织以创始人（老板）为核心，部门以客户行业划分，各部门内部工种齐全，一般的项目按行业由本部门完成，有些项目本部门不擅长就需要寻求其他部门的帮助。这时组织经常会遇到一个问题：A部门的业务寻求B部门的帮助，业绩怎么算？如果算B部门的业绩，A部门通常选择即使自己不擅长也去做；但如果算A部门的业绩，那B部门的积极性就没有那么高。

从服务客户的角度来看，股东们一定希望给到客户最高水平的服务。几位股东和尤金一起界定了一项与股东利益密切相关的组织能力："最大化输出组织价值"的能力。

他们问了自己一个问题：员工精通业务为什么不直接服务那些大客户，而是要加入一家公关公司？答案非常简单，客户希望在服务供应商身上看到的很多特质是员工个人无法具备的，"最大化输出组织价值"就是其中一项。

客户的一个活动需要至少几十个工作任务无缝衔接。大到客户的行程安排，或明星代言人从出发开始的所有细节，小到工作人员的制服、饮食安排，或活动物料的回收，很多客户都是完全依赖服务供应商的。任何一个员工或部门只是在某一个方面优秀，而他们背后的组织才是让他们每一个人闪闪发光的平台。

了解了这一点，"最大化输出组织价值"这项组织能力的打造就可以变得非常简单：把经常涉及的客户服务需求设计成一块一块的拼图，根据各部门的优势把它们打造成某一块或几块拼图的专家，拼图之间的连接要靠每一个具体项目的项目经理来执行,而项目经理全部由公司高管或股东担任。如果项目经理认为一个项目需要部门间的合作,他/她就要在分配任务的同时考虑利益分配。这一能力的打造帮助组织既能快速响应顾客的需求,又能充分利用各部门的专长给到客户最高水平的服务。

在做完整套组织能力模型之后,除了各部门主管能够更有效地开展工作,尤金和老板都开心地发现:本来困扰他们的"优秀员工难管"的问题也在逐步得到解决。

小贴士

组织能力模型是一套非常个性化的工具,以上总结了四个方向,方法篇和实践篇中在每个方向上给读者一个范例。在实际工作中,组织能力模型上下两个维度的组织能力加起来一般不超过四个,左右两个维度的组织能力加起来不超过六个,这样整个组织才能有聚焦、有重点地强化自己的优势。

组织诊断：六大要素帮你诊断组织和团队

痛点场景

卫宁是一家互联网金融企业的创始人，公司在成立的十几年间发展迅速，同时也因为有效风控避过了互联网金融爆雷，赢得了大批客户的信任。业务的发展并没有让卫宁高枕无忧，主要是不同团队的工作性质导致团队之间出现矛盾。

比如：产品部门的主要工作是要找到投资回报率高的产品，而风控部门是要确保这些产品不会爆雷。问题来了：储蓄以外的金融产品都有风险，产品部门自然也做不到百分之百没有风险；可是产品部门不能证明这些产品的风险因素可控，风控部门就不会让这款产品上市。同时销售部门的销售业绩不仅依赖销售能力和稳定的顾客群体，也需要定期推出有吸引力的产品。于是部门之间就出现了博弈。

由于金融行业的专业性很强，部门内部的合作也不是很顺畅。组织的工作分配一般以项目为单位，员工自然也是以项目或项目小组为单位工作的，项目小组之外即使是同一个部门的员工也很少有交集。

卫宁希望整个组织更有黏性，于是在组织层面组织了不少团队建设活动，同时也鼓励各部门内部多组织团建，但好像效果不大。

理论篇

很多领导（特别是空降的领导）为了建立信任使出浑身解数，组织各种形式的团队建设活动。同时，我也听过一个企业的CEO说过一句完全不认同"团队建设"的话："团队建设根本不能建设团队。"这两者看似水火不容，实则同样在偷换概念：都把"团队建设活动"与"团队建设"画了等号。

"团队建设"是组织的行为和领导的职责，大到确定团队存在的目的、帮助团队实现理想的目标，小到听员工汇报工作的时候放下手机和电脑、以眼神接触表示尊重，都是团队建设的行为。而"团队建设活动"是锦上添花的事，可以偶尔为之，但不能以之替代组织和领导的基本职责。换句话说，一个不想或不会在每一天的工作中建设团队的领导，不可能靠工作以外的活动建设出有生产力的团队。

这个组织诊断六要素模型，也被很多组织称作"电扇图"。

以下我们来逐一解读组织诊断六要素模型中的每一个关键要素，在组织诊断的课堂上，领导者还可以拿到一套针对六要素的自评问卷，通过问卷快速辨识自己所在的组织或团队有哪些优势和挑战。

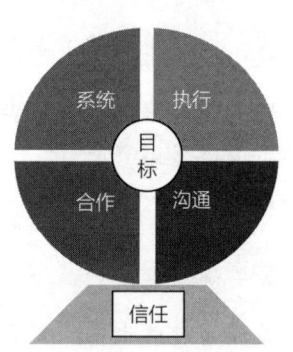

组织诊断六要素模型

多数组织不是样样都好，但也绝不是没有优点，所以了解清楚组织或团队的强弱项之后再想解决方案，才能对症下药、事半功倍。

方法篇

1. 组织诊断的第一个要素是目标

组织或团队有清晰并为所有员工认同的目标是整个组织诊断六要素模型的核心。任何一个团队大到整个组织小到工作小组都应该有明确的工作目标，并且让所有的团队成员都了解和认同这一工作目标。举个例子：销售团队的工作目标最容易理解，那就是使产品以最有效的方式接触到目标顾客，实现预期的销售结果；再比如财务团队的工作目标可以定义为：通过有效监管组织的固定资产、现金流及运营过程中所有与资产相关的收入与支出，成为管理层的智库，以帮助组织实现经营利润最大化。

很多组织只有组织目标没有团队目标，当我们在调研中问到财务团队的一位领导者为什么没有一个明确的"团队目标"时，他诧异地反问："难道还有人不知道财务部是做什么的吗？"这里需要提醒高级领导：每一个行业的每一个从业人员，都是从基础工作做起。换句话说一个财务人员大概率是从出纳开始的，那么他最习惯和最擅长的工作就是出纳的工作。如果在他职业发展的过程中没有人告诉他财务是要做智库的，他可能会一直以为把数算清楚才是他的价值体现。如果有一天他成了财务经理甚至财务总监，他和整个团队对组织的意义和价值就只限于把数算清楚。

以上的例子有一点极端，是想让读者了解团队目标的重要性。团队目标不是工作内容，但好的团队目标帮我们界定了团队的角色和在组织中的价值，并最终指导我们把日常的工作内容排出优先级，以最大化团队对组织的贡献。团队对组织的贡献增大，团队成员个人的价值也就充分体现出来了，当员工能感受到自己存在的意义和价值，员工激励和员工留任也就变得相对容易了。

2. 组织诊断的第二个要素是信任

信任是组织诊断六要素模型的地基。我们在初级领导篇的第一章讲过这个话题，主要是针对新上任的初级领导如何赢得团队成员的信任。这里讲的信任是在整个组织或团队中建立相互信任的氛围，前面介绍的信任等式仍然是一个非常好的工具，这里不再赘述。

我们在组织诊断和修复的实践中有一个非常有趣的发现：就是成员之间相互不信任的团队，团队领导大部分都喜欢听小报告。这些领导者普遍会这样解释："如果我不听他们私底下的汇报，我根本听不到实话。"团队成员不愿意在公开场合说实话，不就是相互不信任吗？如果一个领导很喜欢听团队成员的"小报告",他也许会了解到一些真实状况,但比起破坏了整个团队的信任得不偿失。

可能有领导要问:"那就是有人喜欢打小报告,并且他说的也是事实,难道我不听吗?"比听小报告更好的方法是帮助团队建立当面反馈的习惯。换言之可以听,但要求这位同事邀请所有的当事人一起坐在领导面前汇报。这样一方面团队领导避免了偏听偏信,也省去了找另一方去核实的时间和精力,最重要的是提醒所有的团队成员慢慢养成当面反馈的习惯。

在很多团队中员工不习惯当面反馈改进型意见,是因为人本身的趋利避害,我们都不喜欢被批评。但如果领导能够培养员工不以批评的方式给出建设性的反馈(初级领导篇第二章及时反馈模块对反馈模型有详细的介绍),那不仅在帮助自己的团队成员之间建立信任,也是在帮助组织培养未来的领导者。

3. 组织诊断的第三个要素是执行

这也是很多组织的领导者非常头疼的一件事。有个例子:有一家企业花了很多钱请战略咨询公司制定了非常漂亮的战略,可是三年之后组织的经营每况愈下,大家突然发现当时制定的战略在书柜上层落满尘土。于是组织里面出现了这样的声音:"那家咨询公司来给我们做战略就是骗钱的。"这个话传到了咨询公司,当时实施这个项目的负责人非常气愤地回应:"我只负责做战略可不负责实施战略,客户自己不会实施不是战略的错。"统计数据表明很多公司的战略是没有被有效实施或没有达成预期结果的。这里我们看到了执行的重要性。

4. 组织诊断的第四个要素是沟通

组织越大沟通越重要。

一家供应商在和大型跨国集团合作的过程中就遇到一个很有趣的现象:客户跟乙方合作的合同是营销部门主持签署的。在签合同的过程中,先是采购部门要求乙方填一系列的表格，用来建立供应商档案。这些表格中自然包括供应商的公司名称、注册地址、法人代表、开户银行、具体联系人等信息。正式签约时，法务部出面提供了客户使用的标准合同版本，在这一版本中要求供应商把以上信息全部重新列一遍。乙方负责人当时就在想：同一家公司的采购部和法务部如果能够共享供应商信息，将大大节省组织内部运作的时间成本。

同时，因为客户跟乙方的合作不是一次性的，法务部特别要求乙方把服务明细列出来，包括：什么时间完成什么项目、单位时间的报价、总服务时长、每个项目的验收标准……当然，以上加起来还会有个合同总价，全部列在一张表格里，作为合同的附录。

付款时，营销部把发票交给了财务部，财务部要求不能只有发票，还要有合作明细。营销部的对接人说："合作明细已经全部列在合同里了。"财务部说合同是法务部存档的，财务部拿不到，所以要供应商重新提供一份服务明细并盖章，附在发票后面。于是乙方赶紧把合同上的这部分内容原封不动地复制下来，盖章后发了过去。

不久，营销部的联系人离职了，年底新的联系人找到乙方，说审计部要看这个合同涉及的所有服务的产出及相关记录，可是新联系人找不到当时的记录，只能求助于乙方。于是，乙方又提供了每一次的项目计划、阶段进展记录、每次活动的现场照片、媒体的评价等。

在以上的例子中我们可以看到这家大公司的各个部门之间缺乏基本的沟通，同一个部门新老员工之间也没有必要的交接，由此带来的损失不可估量。这不是个例，这样的事情每天都在大大小小的组织中发生着。这个案例我们在后文组织发展模块讲流程优化时还会提到。

5. 组织诊断的第五个要素是合作

今天的组织要在复杂多变的环境中最大化业绩成果。换句话说，组织存在的意义就是要让组织的价值大于员工价值的总和。要想实现这一目标，合作是必要条件。

我曾经跟一家提供自驾游服务的旅行社出行，全程体验了他们高品质的服务，其中印象最深的是他们的反应速度。当时我们一共四辆车，十一个旅客加一个领队。领队也是其中一辆车的司机，所以驾驶途中我们有任何问题都不会直接找领队，而是在微信群里沟通。微信群里有各个部门的工作人员，他们分工明确：凡是跟机票酒店相关的问题，就有一位微信名叫"小凡"的工作人员回复；凡是跟旅行当地风土人情或语言相关的问题，由"小羽"回复；有些团友在行程结束之后还要去其他国家，后续的安排是一位叫"小涵"的工作人员在处理……当时我们身在非洲，跟国内有几个小时的时差，我惊讶于他们怎么能够做到短时间之内有回复，甚至马上有结果。

可能这家旅行社内部也有合作问题，但站在顾客的角度来看，好的顾客体验主要来自组织内部各部门的明确分工和精诚合作。

6. 组织诊断的第六个要素是系统

组织系统分为硬系统和软系统。

所谓硬系统，是指那些看得见摸得着的系统，比如：组织中的各种工作流程、工作标准、规章制度等。这一模块主要讨论硬系统。

有个朋友最近刚入职一家意大利企业，担任学习与发展总监。他经常会收到一些员工要求公司付费一对一学习意大利语的申请，学费比正常语言课贵了很多。而且这些申请已经由总裁签字批准了，到他这里也不能不批，只能从员工发展预算中减掉一笔钱。

他调研之后发现，入职之前只有一位行政助理兼职处理一些类似新员工入职培训这样简单的培训工作。员工们都希望在公司有发展，却也不知道除了新员工入职培训还能学什么。既然在意大利公司，当然大家唯一能想到而且公司会报销的就是学意大利语。

因为以前只有那个行政助理负责培训相关的事情，申请公司付费学习的审批流程一直是：员工向自己的直属经理提出申请 →直属经理批准后上交部门总监 →部门总监批准后由中国区总裁批准 →最后交给培训部。由于公司报销，没有一个直属经理愿意为这种事得罪人，所以员工的语言学习申请是百分之百被批准的。

这位新上任的学习发展总监算了一笔账，全年的员工发展预算有限，全公司一百多人，如果大家都申请单对单的语言学习，他全年的预算就没有了。他去跟总裁确认哪些岗位需要使用意大利语，总裁给他的答复是："除了秘书，其他人工作中都只用英文。"

在这个案例中我们看到两个与目标不符的系统：

（1）员工培养工作中不需要的技能，却要组织买单；

（2）付钱的人没有决定权。

以上是个硬系统的例子，通常由硬系统造成的工作不顺畅，只要有决心重建系统都容易解决。

所谓软系统，是指那些不一定看得见摸得着，却潜移默化地影响着组织的元素，多数以文化、约定、共识、行为等存在于组织的日常运作中。某种程度上讲，软系统更难建立或建立起来之后更难改变，对组织成员有着更深远的影响。我们将在第七章"系统思维"模块专题研究软系统的话题。

实践篇

回到卫宁的案例，根据组织诊断六要素模型他认为可能是沟通和合作这两个要素出了问题。可是用自测量表就组织目前的状况做了评估之后发现，分数最低的却是系统。

刚开始卫宁有些诧异："我们是一家金融公司，怎么可能系统不完善？"但卫宁和他的高管团队一起找原因的时候，有了以下发现：

（1）产品部门过去半年推出的产品都与房地产或周边行业相关，通俗一点讲就是产品种类单一。卫宁自己反思：他对产品部门的绩效要求并没有包括产业的多样性。

（2）风控部门基于国家政策和市场分析，发现其中一个产品的风险明显高于预警水平，于是对其他类似的产品也偏向持怀疑态度。卫宁反思：他和风控部门之间只有例行月会，缺少就一个产品对其他产品的影响进行快速反应的机制。所以风控部门遇到有怀疑的产品，多数直接否定，个别能留到下一次的月会上讨论，也已经过了时效。

（3）金融产品的销售是有周期性的。销售部门在完成前一个产品的销售之后，对下一个产品到底什么时候上市没有话语权。卫宁反思：公司的销售进度表都是以产品为单位，分开管理的，没有太关注产品之间的衔接。

基于以上发现，卫宁很明显看到系统的缺失，也明显地意识到为什么"团队建设活动"根本解决不了他的问题。系统问题解决了，卫宁期待的团队间的"黏性"也在慢慢产生。

小贴士

组织诊断六要素模型可以用在任何由人组成的组织或团队中。需要注意的是：当团队内所有成员的工作内容高度同质化的时候（比如生产线上所有工人的工作内容都完全一样），组织诊断六要素模型上半部分的两个要素对团队成功与否的影响更明显；反之，当团队的工作高度多样化或高度依赖个人价值判断的时候（比如广告公司，就算同一个项目不同人做出来也会非常不一样），组织诊断六要素模型下半部分的三个要素更明显地影响整个团队的成功。

当然无论如何，组织或团队的目标是前提。

在电扇图中执行、沟通、合作、系统这四个要素在实战中还与团队成员的行为风格以及由此带来的团队优势相关。在第七章选育用留模块，我们会看到团队行为风格的十字象限，每个象限所代表的行为风格与组织诊断六要素模型相同位置的要素紧密关联。由此可见：不同行为风格的优势直接影响组织诊断六要素模型的对应要素。建议高级领导把这两个模块结合起来看。

组织发展：组织发展四支柱体系

痛点场景

王岩在一家大型跨国企业担任亚太区人力资源副总裁，常驻新加坡。不论从业绩贡献还是从员工人数角度看，中国市场都是他责任范围内最大的市场。

他越来越意识到组织发展的重要性，过去的几年在国内招聘过几任组织发展经理，都不太满意。主要原因是大家对"组织发展"到底包括哪些工作的认知非常不一样，加上各种历史原因有些工作一时间很难全面铺开，而组织发展经理们也希望尽快对组织有贡献，所以几任组织发展经理好像都在做培训经理或人力资源业务伙伴（HRBP）的工作。

理论篇

组织发展（OD）的概念在20世纪就被提出来了，不过最早这一概念侧重于教育策略，以帮助组织适应新技术所带来的挑战。它的重要性逐渐被认识和接受，也在不断发展中被逐步定义为：将行为科学的理论与实践应用到组织变革的过程中，以提升组织效能。

组织发展与人力资源管理、人才发展、学习发展密切相关却又有很大的不同。

第一，人力资源管理更侧重于个人在组织业务发展中的作用，工作内容包括招聘和解聘、薪资福利、绩效管理、日常行政管理等。

第二，人才发展是人才管理的一部分，目的是为组织长期提供关键人才。

人才发展的工作内容主要包括：识别、培养、任命、评估和留任。

第三，学习与发展的目的是确保组织中的所有员工都有能力胜任当前的工作岗位，工作内容主要包括：员工职业发展、搭建学习体系、创立学习文化等。

当然，大多数组织不会分得那么细，只要组织中有人负责以上功能的工作，叫什么其实没那么重要。但不论如何，以上三个方向的人力资源工作都是围绕"员工"展开的。

而组织发展关注的是"组织"，它研究组织的内外部环境，让组织可持续地健康发展，以促成组织最大限度地释放潜能。组织发展的工作内容主要包括：设计与优化组织的结构、系统和流程，建立和践行组织文化，并确保组织能够快速及有效地应对变革，最终实现组织效能最大化。

市场上关于组织发展或周边话题的各种理论和模型有很多，其中比较有代表性的是"麦肯锡 7S 模型"和"组织能力杨三角"，企业实践中经常被提及的还有"业务领导力（BLM）模型""六个盒子"等。读者有兴趣可以找来学习。

方法篇

这里介绍给大家的，是结合了理论并在实践中得到验证的组织发展四支柱模型。

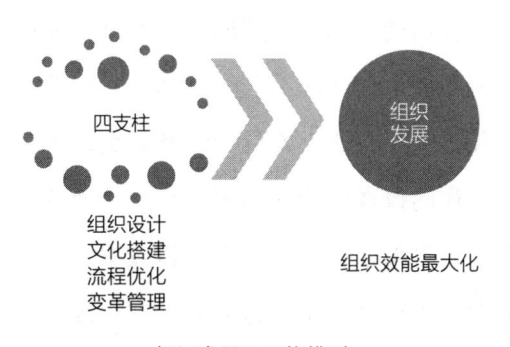

组织发展四支柱模型

实战派管理咨询专家埃德加·沙因曾提出：所有组织都会面临两类问题：

（1）对外：面对不断变化的环境，组织如何适应。

（2）对内：为实现组织效能最大化，组织如何调整。

这两个问题就是组织发展要解决的问题，组织发展四支柱模型也正是针对这两个问题的解决方案。

组织发展的第一个支柱是组织设计。组织设计包括很多方面的内容，其核心研究的就是什么样的组织才是最有战斗力的。组织设计首先要研究组织所处的外部环境及组织的现状，其产出可以是组织架构、组织工作流程、组织能力，也可以是任何可以令组织效能最大化的举措。

组织发展的第二个支柱是文化搭建。对于大型企业来讲，组织文化的创建应该在总部完成，确保整个组织和各个分支市场享有共同的文化理念。而各个分支市场的管理者也有义务把总部所传递的文化理念与当地的政策、民俗等相结合，以确定组织文化不是贴在墙上的一张纸或一个口号。而对于中小企业来讲，如果还处在初创阶段，多数还没有精力考虑组织文化和组织发展。但规模发展到一定程度后，如果组织文化始终没有建立，可能会阻碍组织的长远发展。读者可以在本章组织文化模块找到创建文化的步骤和方法。

组织发展的第三个支柱是流程优化。前文组织诊断模块中，我们在讲到第四个成功要素"沟通"时，举了一个各部门沟通不顺畅的案例。那个案例从员工的角度看要改善沟通，而从组织的角度看就是要优化工作流程。案例中需要优化的工作流程可能包括以下几个方面：供应商管理流程、合同管理流程、付款流程（包括收集完成工作的资料及证据的流程）以及内部交接流程。如果这些工作流程的设计能确保组织内信息传递的途径既不重复也没有疏漏，组织就能大大节省沟通成本，提高工作效率。

组织发展的第四个支柱是变革管理。我们在中级领导篇专门有一个模块是谈变革的，但那个模块更偏重在应对变革的过程中，领导该做什么以帮助处在不同反应阶段的员工应对变革。而这里说的变革管理是针对组织而言的。比如,一家传统的医疗器械生产商以前的主营业务是卖医疗器械设备,随着市场环境的变化以及医疗器械市场竞争的加剧,组织决定把业务重心从卖机器转成卖耗材。针对这一业务战略,组织发展专家要重新设计相关工作岗位、定义相关的组织能力、设计并优化工作流程。这就是组织发展中所讲的变革管理。

实践篇

回到开篇王岩的案例,他在学习了组织发展四支柱模型之后,首先调整了组织发展经理的工作说明书,这样新上任的组织发展经理在应聘之初就知道自己的工作方向是组织而非员工个人。这里读者可能有个小小的疑问:就算工作说明书没写清楚,来应聘的人难道不知道自己的工作对象是组织吗?这就要说到市场上很多组织其实对组织发展比较模糊,所以造成很多从业人员只能摸着石头过河,公司让做什么就做什么,未必所有的组织发展从业人员都是在做与组织战略和发展相关的工作。

如果读者们所在的组织有需要,可以拿王岩的这份工作说明书参考。

岗位名称:组织发展经理

职级:D1~D3

汇报线:亚太区人力资源副总裁(虚线汇报给中国区总裁)

职责:通过对组织内外部环境的分析和判断,从组织设计、文化搭建、流程优化和变革管理四个方面加强组织建设,实现组织效能最大化。

主要职责范围:

(1)组织设计

⊙ 定期分析组织运作的外部环境和内部业务目标,研判对组织业务的影响。

⊙ 根据以上研判的结果，定期梳理组织的工作框架及其有效性。

⊙ 结合内外部需要，设计组织架构及工作流程。

（2）文化搭建

⊙ 明确总部对公司文化的要求。

⊙ 结合所在市场的特点，把公司文化翻译成员工可以理解并执行的行为。

⊙ 建立有效渠道，推广并倡导组织文化。

⊙ 建立评估机制，确保文化落地。

（3）流程优化

⊙ 定期检视组织各项流程的有效性。

⊙ 及时发现妨碍组织效率的流程。

⊙ 根据问题的严重程度设立专家小组或项目团队，主持并推进流程改善。

（4）变革管理

⊙ 定期参与业务回顾，了解组织运作现状，特别是运作中的困难和挑战。

⊙ 定期了解市场环境、顾客群体和竞争对手的状况。

⊙ 结合业务战略，定期向管理层提议组织变革的需求和可能性。

⊙ 如有组织变革需求，协助管理层设立项目团队并提供所需帮助。

任职资格：十年以上工作经验，了解组织发展的基本理论和逻辑，能够独立完成组织发展的项目设计和实施全过程，有成功经验

者优先。(学历、语言等其他要求略)

由于暂时还招不到合适人选,王岩在中国市场的组织发展还没有完全展开。这里我们只能举一些知名企业的例子,让读者可以一目了然地看到组织发展的四个支柱如何被运用并最终支持组织业务的发展。

组织设计:华为"铁三角模式"中,三个角分别是客户经理、方案经理和交付经理。这一模式的背后其实是华为曾经面临的窘境:客户线不会交付,交付线又不懂客户,产品线二者都不懂却只关注报价,最终造成在海外某市场的失利。华为意识到失利的背后是组织设计出了问题,于是出台了这个著名的"铁三角模式",这一模式把前、中、后台联系起来,变成一个整体,最终作用于"顾客服务"的目标同时为组织赢得了更多的市场。

文化搭建:在21世纪初,某酒店集团发现,全球各地的不同旗下品牌酒店都在不同的愿景、使命和价值观下运作,导致业务重点以及员工身份认同都不明确。后来他们在集团总部重新界定了组织的统一文化,并在全球推广和实施。同时,改善了人力资源生态系统,为员工提供良好的职业发展和合理的回报,让组织成为理想的工作环境。

流程优化:PPT作为开会的展现形式早已被很多组织所接受。亚马逊的创始人早期也是用PPT的,后来发现帮助他做决策的很多资讯都不在PPT的页面上,而在演讲者的备注里。反而PPT所展现的都是形式化的东西,并且为了把PPT做得好看管理者消耗了大量的时间和精力。于是他要求以后开会不用PPT而是写记叙文,这就是亚马逊著名的"六页纸"高效会议的由来。无独有偶,字节跳动在"记叙文"的基础上又设计了开会的流程:阅读、讨论、就行动方案达成共识、最后执行。

变革管理:2018年的"双11",阿里巴巴的总交易额创了新高。阿里巴巴同时公布了另外一组数据:无线成交的占比达到了90%,也就是说90%

的人是用手机下单的。如果你是电商平台或平台上的商家,你能从这个90%中读出什么样的信息?以前人们在电脑上购物,商家可以充分利用电脑屏幕介绍商品,而当90%的人都用手机下单的时候,你的组织要能够快速应对变革,在手机屏幕上说清商品的卖点来吸引买家的眼球。在这一变化过程中,组织需要变革的不仅是技术,还有可能是组织架构、岗位设计、组织能力和工作流程。

小贴士

关于组织发展,还有三点要注意的地方:

(1)组织发展属于战略层面的思考,所以建议组织发展负责人在组织中的职级应该是高层或至少是中高层。因为职级直接决定了组织对岗位的要求和薪资福利的配套。愿意接受中层经理待遇的应聘者未必能担当此重任,而真正在组织发展领域具备从业能力的人不会接受与职责、能力和薪酬不匹配的岗位。

(2)原则上组织发展偏重分析和决策,而不是规划和执行。所以如果要建立组织发展部门,规模不宜过大。除了组织发展负责人要有统领全局的战略思维,团队成员组成贵在精不在多,但必须是在以上组织发展四支柱模型中提到的某一个或几个领域里能独当一面的顾问型人才。

(3)组织发展既然是组织战略层面的思考,在很大程度上需要组织最高层管理者的参与。目前很多组织的现状是:要么没有组织发展部门,要么组织发展部门是人力资源部门中一个很小的分支,这有可能局限了组织发展这个岗位对组织的贡献。

第七章

战略执行

我们在中级领导篇介绍的所有领导力工具和方法都在战术执行的层面，而高级领导在日常工作中，除了应该具备战术执行能力，更要具备战略执行的能力。

（1）梯队计划：本模块详细介绍了各类人才发展项目的特点，同时提醒高级领导在人才选拔的过程中，运用人才评估九宫格模型确保重点发展人才的质量。

（2）选育用留：本模块介绍了两个心理学测评工具：行为风格和动机，从冰山上下两个方面分析组织中的成员。这两个工具帮助高级领导把组织中的所有成员看成一个有机、动态的整体，通过理解他们的行为以及为什么这样行为，有针对性地制定人才战略。

（3）系统思维："系统决定行为"是我的整个领导力体系的核心思想。本模块希望通过工作和生活中的案例，让高级领导理解：自身的价值是在组织系统的建立和优化上，留下浓墨重彩的一笔。

梯队计划：不同的人才发展途径

痛点场景

肖毅是一家外资零售公司的中国区 CEO，公司业务在一个极端细分的市场，整个市场只有六家公司，他们公司最大，占超过 30% 的份额。最近几年整个细分市场规模有所扩大，但几个小的竞争对手开始蚕食他们公司的市场份额，所以他们公司的增长并不明显。肖毅曾在 500 强企业工作，加入公司只有一年半的时间。

肖毅这样向咨询顾问介绍他所在的组织："我们这个市场主要靠三样东西取胜：产品、渠道和人才。目前从产品的角度看我们是最先进也是配套最齐全的，渠道也是最多样化、最通畅的，我觉得问题出在了人才上。"

"我们公司的部门高管主要来自内部成长和外部引进。我是外部引进的。这部分人对这个行业的产品和渠道不熟悉，他们能带来很多新鲜的想法，但有些人在不熟悉行业特点的情况下生搬硬套过往成功的经验，造成内耗。内部成长的问题在于这个行业太窄，内部成长的领导对外界了解不够，缺乏风险意识和成长性思维。市场上有很多人才培养的途径，我想知道哪些途径更适合我们公司？"

要知道哪些发展途径更适合组织，先要明确发展目标，肖毅最着急和头疼的是建立店铺经理人才梯队，整个发展计划应从组织的人才战略入手。

理论篇

说到人才战略，首先要看组织的业务发展战略。比如像肖毅所在的这个组织，长期处于市场领先的地位，要非常明确地知道业务发展战略到底是守还是攻：守的话组织最大的竞争优势在哪里（这里说的竞争优势是组织自身的优势，过往30%多的市场占有率，仅仅是这个优势所带来的结果），竞争对手的现状如何；攻的话哪些新领域、新市场或新技术是进攻点。当业务战略足够清晰之后，人才战略的出台才有依据。

所谓人才战略就是把人才看成战略资源，思考组织在未来短期和长期的业务发展中如何营造有效人才生态圈。比如华为，从成立之初就明确了业务战略，所以组织在世界各地设立实验室，招募优秀的科技人才，允许有些实验室和科学家几年甚至十几年没有特别突出的产出。但当有一天市场环境和科技环境足够成熟时，这些实验室和科学家过往十几年的研究马上就能派上用场。

说到人才的培养，还举华为的例子：华为的业务战略需要大量的人才在全世界遍地开花。华为如何确保各地实验室能够以组织期待的方式创造出组织期待的结果呢？华为选拔干部的原则叫作"宰相必起于州部，猛将必发于卒伍"。在这样的战略思想的指引之下，组织采取的培养人才的战略或途径，一定是要强化人才在"州部"和"卒伍"的历练。

而我们经常听到的选、育、用、留人才的话题也是战略的一部分，包括：组织需要什么样的人、到哪儿去找这些人、如何确保他们在工作岗位上人尽其用、如何培养和发展他们以帮助他们在岗位上不断成长，以及如何把那些对组织有用的人始终留在组织里面等。

这一模块我们重点讨论不同人才发展途径对组织的贡献，下一模块会向读者们介绍两个应用心理学领域的工具，如何帮助组织基于员工需求和优势最大化选、育、用、留的成果。

方法篇

有了人才发展战略才能知道哪种培养人才的途径更适合一个具体的组织。以下就说说几种常见的梯队培养方式。

管理培训生（MT）项目从20世纪90年代开始在国内率先被企业用于新生力量的选拔和人才的快速培养。今天不仅各大外企把它当作人才发展的重要途径之一，很多国企和民企也大量使用这一概念。市场上有很多组织都做过MT项目，但公司、项目管理者和管培生三方都满意的不多。

管培生项目是一个员工发展的平台。说到员工发展，主导力量必须来自员工自己，公司的角色是提供系统的支持和帮助。因为员工的资质不同，公司对人才需求的侧重点不同，同时考虑到资源的局限性，人才发展应该遵循一个原则叫作"关注最优，投资所有"，也就是说原则上一家公司的每一个员工都应该有机会被培养和发展，但一定有一些人被界定为最优并放在了快速发展通道里，占用了更多的发展资源。任何管培生项目、高潜人才项目或接班人计划都是这类快速发展通道。

既然是快速发展，要占用更多的资源，就要遵守另一个原则：高投入—高回报—高淘汰率—高使用率。

高投入除了指预算上的倾斜，更是指管理层要花大量时间和精力陪伴MT成长，公司各部门高层管理人员作为人才发展项目组成员，他们的时间投入是公司人才发展的成本之一。很多企业的MT项目做得各方面都不满意，其中一个重要原因是只投入了资金，却没有投入高层管理者的时间和精力。

高回报是指快速发展项目的培养目标一定要比一般员工的发展目标更高。我早年任职的公司在1996年招了公司历史上第一位MT。他的培养计划非常明确：两年后承担地区经理的工作。也就是说，要在两年内完成普通员工6~8年的发展计划，被我们调侃为"坐着火箭升职"。但正因为组织对他的期待不同，他在两年当中所承受的压力比我们普通员工要大得多。现在很多MT项目不温不火,另一个重要原因是目标不明确。不仅MT自己不知道自己的项目结束后何去何从,连项目负责人也不清楚或不能决定。

高淘汰率,顾名思义不是每一位MT都能完成发展计划。在高强度、高要求的工作压力下,总有一些人因为各种原因,主动或被动地出局,这很正常。当然,只要本人愿意留任,他们只是不再享受快速发展通道中的各种资源,组织仍然应该以平常心对待这些员工。现在很多MT项目的困局是,只要进了MT的池子就能毕业,项目负责人也知道这是"大锅饭",不仅对真正优秀的MT没有激励,连整个项目都不被看好。可是他们也很委屈,主要是前面"两高"(高投入/高回报)没解决好,他们也不愿意得罪员工。

最后说说高使用率。组织在MT项目中投入了大量的资源,到MT毕业之后除了给他们一个好听的职位还能做什么呢?如果这些MT被当成其他中层管理者一样对待,企业未来的MT项目一定会面对来自各方面的质疑。一家航空公司的做法:凡是MT毕业的管理者都要和公司签订10年的长期服务合同,在MT项目结束后的10年中必须每两年接受调派去公司需要的地方。这个做法使那些MT出身的管理者牺牲了很多私人生活,因为大多数人都是在大学毕业后的十几年间结婚生子,频繁的调派使他们不得不重新安排他们的人生。但我个人以为,对于企业和其他途径成长的管理者,这是个相对有效和公平的做法;同时对于当事人,因为频繁调派,他们在MT项目之后仍然保持着高速发展的态势,这也符合他们当中大多数人对自己的职业期待。

管培生计划是针对应届毕业生设立的快速发展通道,而高潜人才的概念可以是局部的也可以是全局的,旨在确保组织在未来的发展中"有人可用"。至于接班人计划,在不同的组织里它的范围可大可小。有些组织的接班人计划专指CEO的接班人培养计划,有些组织可能扩大到每一个关键岗位的接班人。不论哪个岗位的高潜人才和接班人都是人才梯队的一部分,都需要经历像MT一样的"能力评估—甄选—发展—再评估—新岗位任命"这样几个阶段，在发展过程中也都需要充分运用人才发展的"70—20—10"原则。

与管培生计划不同的是，高潜人才和接班人的招募多数来自公司内部。很多组织都用以下这个人才评估九宫格模型从现有的员工中找出高潜人才或接班人。这个模型仍然是用二分法，不过多数组织喜欢做成九宫格，可以更细化对人才的鉴别。

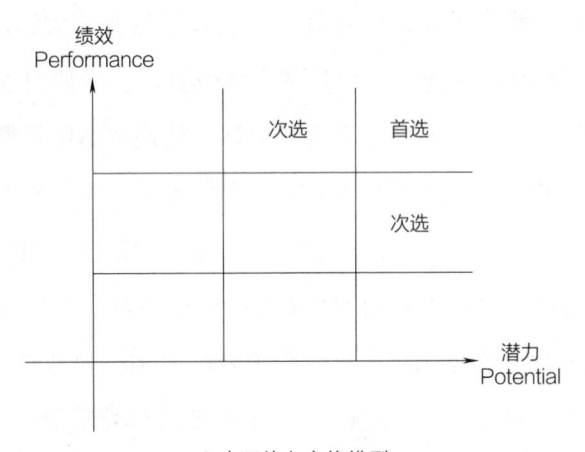

绩效 Performance

次选　首选

次选

潜力 Potential

人才评估九宫格模型

实践篇

回到肖毅的案例，他最着急的是建立店铺经理人才梯队。

零售行业多年来遇到一个非常大的挑战，就是店铺经理的队伍不稳定。一个地区经理手下可能有十几个甚至几十个店铺，整个店铺的货品管理、运营管理、人员管理、财务管理等主要责任都在店铺经理一个人身上。这个公司在店铺经理留任的问题上还有一个很大的挑战，就是店铺经理的销售提成是店铺的平均值，而一线销售人员如果有大单销售，收入有机会超过店铺经理。总体来讲，这家公司的店铺经理提成制度是有效的，因为它鼓励店铺经理多做管理工作，而不是把自己变成一个"超级销售"。但不能否认的是有些销售能力强的店铺经理可能会因为收入的原因流失掉。

在这样的情况之下这家公司就面临着一个问题，从哪里去找店铺经理？以前他们的做法就是从行业里挖人，但会有这样几个风险：首先是招聘成本太高；其次文化适配性不可控，造成二次流失以及更高的再招聘成本；最后也是最大的风险，就是当店铺里面其他成员看不到自己的晋升机会和前景，他们对工作的投入度降低了，甚至还会抱团对抗新经理，造成工作推进不下去。

这样看来是不是晋升店铺副经理或者主管问题就能解决了呢？其实不然。当组织把经理的空缺放开，让店铺副经理或主管去申请的时候，反而发现很少有人报名。原因是在零售店铺里面大多数的副经理和主管，其实只是在扮演店铺经理的"助理"角色。换句话说，他们并没有真正扮演管理者的角色，更多的情况之下是经理统筹决策所有的事情，然后他们去执行。所以真给他们机会的时候，他们未必敢抓住机会面对挑战。这里我们看到愿望和能力之间的差距，也是副经理和高级主管发展的其中一个机会点。

再往深里挖一层：为什么店铺经理在岗时，他下面人的能力发展不起来？从这个角度上讲，我们要提升的首先是店铺经理本人发展和授权团队的能力。

以上的分析是从这个案例的问题本身出发，如果回到更高一层的业务战略和人才战略的角度，咨询顾问问了肖毅两个问题："组织三年之后的业务目标是什么？你希望店铺经理三年之后做的工作和现在有什么不一样？"从他的回答里咨询顾问总结出了三条与人才战略相关的内容：第一是数字化，第二是跨界产品品类，第三是线上线下渠道结合。

说到这里这个案例的发展方案就呼之欲出了：

（1）现有店铺经理：短期着重提升授权和团队发展的能力（具体工具和方法见第二章充分授权模块和第四章发展员工模块），慢慢走出把副手当助手的困境；长期发展数字化运营和多渠道管理的能力，以适应未来的业务方向。

第三部分　高级领导篇　189

（2）外聘店铺经理：重新梳理店铺经理的岗位说明书（见第一章明确角色模块），以确保新招聘的店铺经理不仅能做眼前的店铺运营，还要具备管理未来业务的潜力。

（3）内部培养店铺经理：这个企业在将近 5 年的时间里，先后做了 3 轮的高潜人才计划，每一轮高潜人才的发展周期是 18 个月，目标是确保现有的高级主管和副经理在 18 个月的密集训练之后能够承担店铺经理的工作。

以上是这个案例的战略部分，战术上涉及招聘、培训、辅导、发展等不同的理论和工具，读者可以在中级领导篇的对应章节中找到这几个模块的相关理论、工具和案例。

小贴士

人才发展需要组织发展的大系统引领方向，而组织发展的大系统又要以整个组织的业务战略为前提和背景。

我们可以要求组织的各级领导者在日常工作中充分履行人才发展的职责，但不能要求他们全盘了解梯队建设及其背后的理论，这里面 HR 必须作为专家出现在组织里。当然，也恳请组织在使用人力资源专家的时候，不要把 HR 当成各部门的"行政助理"，而是真正用到人力资源的专业知识和技能。

选育用留：借助测评看清你的团队

痛点场景

杨敏在一家中外合资的能源公司担任HR负责人。公司不大，各部门所有员工加起来只有36个人，分为3个层级：总经理1人，各部门主管7人，其他员工28人。这36个同事负责超过100家加油站的运营（加油站的员工不算在内）。

最近公司从欧洲调来一位新的总经理，刚入职一个半月。他几次跟杨敏提出团队存在以下问题：

（1）团队氛围融洽，但看不到针对业务现状的建议和想法。

（2）要求团队提建议时，各种发散性思维足够多，但对目标的聚焦不够。

（3）整个团队在执行中动作太慢，风险控制大过执行的勇气。

（4）团队成员不愿得罪别人，但每个人都有自己的主意，每个人都想做主。

杨敏加入公司只有不到一年的时间，也只是做了一些基础设施建设的工作。面对这样的问题她觉得无从下手。

理论篇

我们在中级领导篇第四章用了五个模块从个人的层面探讨了选育用留的工具和方法，在前一章组织诊断模块介绍了组织诊断六要素。这一模块重点介绍两个测评工具，帮助读者了解在战略执行的过程中，如何从员工特质切入"点面结合"（"点"是重点员工，"面"是整体团队），并从市面上的测评工具中帮助读者挑选两个简单易上手的测评工具，在了解团队的基础上产出"选育用留"的执行策略。

第一个测评工具看的是团队成员行为风格的特点和匹配度。

目前市场上关于行为风格使用范围最广的要数 DISC。这一理论由心理学家威廉·马斯顿在《常人的情绪》中首次提出。简单来说，DISC 理论就是对人的行为风格进行分类，帮助人们快速有效地了解自己也认识别人，最终实现更有效地与人交流与合作。

DISC 是四个英文单词的首字母：Dominance（支配）、Influence（影响）、Steadiness（稳定）和 Compliance（遵从）。市面上以 DISC 理论为基础的测评工具有数十种之多，不同工具对 DISC 原始理论的理解略有不同，但大同小异。这里以市场上一个被广为应用的测评为例，简单介绍每一种类型行为风格的特点：

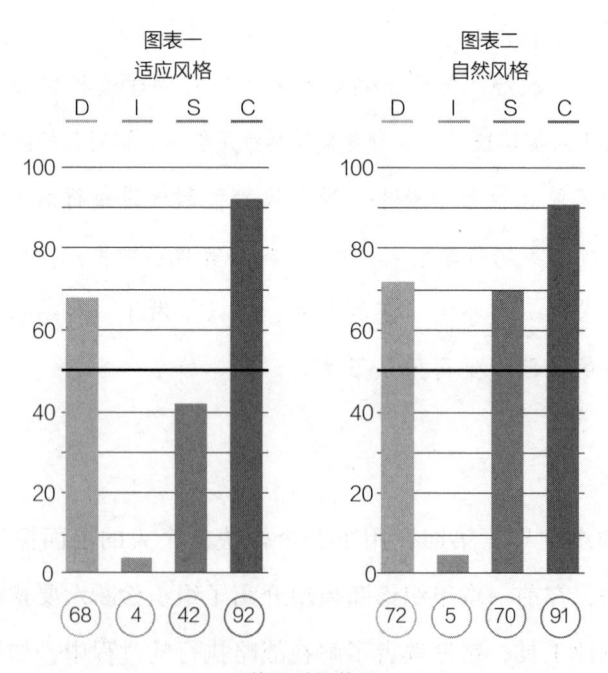

风格洞悉柱状图

（1）D维度是一个人如何面对问题和挑战：在这个维度上分数高的人在面对问题和挑战时，倾向于快速、直接解决问题，有目标感和紧迫感；分数低的人倾向于间接、委婉、有耐心。

（2）I维度是一个人如何与人交流：在这个维度上分数高的人在与人交流时，倾向于用说的方式影响别人，他们对外界的人和事敏感，也期待得到外部环境的接纳和认可；分数低的人倾向于多听少说，他们通常在听清楚别人的意见之后才适当或谨慎地表达自己的想法。

（3）S维度是一个人如何面对变化以及在变化中自我调节的节奏：在这个维度上得分高的人在面对变化的时候，倾向于关注变化前后的稳定性和一致性，确保变化对所有相关的人都不产生负面影响才愿意应变；而分数低的人倾向于快速应变，他们很有可能是变化的提出者或推动者。

（4）C维度是一个人如何面对既有的规则和程序：在这个维度上分数高的人在面对既有规则和程序时，倾向于尊重并遵守规则，他们更关注事物的事实、数据、逻辑和结构；而分数低的人倾向于打破常规想问题，不拘一格。

这里特别要强调的是行为风格没有好坏对错，所以高分和低分都有意义，在组织中也都有存在的价值。当然，我们每一个人的行为风格在具备优势的同时也有可能出现过当。所谓过当，不是缺点和错误，而是当一个特质被使用过度时所产生的负面影响。比如：目标感太强的人会忽略他人和自己的感受，太喜欢说话的人可能忽略了聆听别人，太稳定的人可能不习惯快速应变，太遵守规则的人可能灵活性不够。以上种种只是行为风格，不涉及能力的高低。

另外，读者一定发现了上图中有两组行为风格，分别是"自然风格"和"适应风格"，我们可以简单地理解为：一个人在放松状态下展现出来的是"自然风格"，工作状态下展现出来的是"适应风格"。

方法篇：

本模块我们要解决的是组织问题，所以我们要把一群人放在一起来看整个组织在行为层面的优势和挑战，这时候柱状图就不太容易看清楚一群人的样子。于是测评公司又设计了一个轮图。如果把一个人的自然风格和适应风格分别"翻译"成圆点和五角星，放在轮图对应的位置，刚才读者看到的那张柱状图就变成了下面的样子：

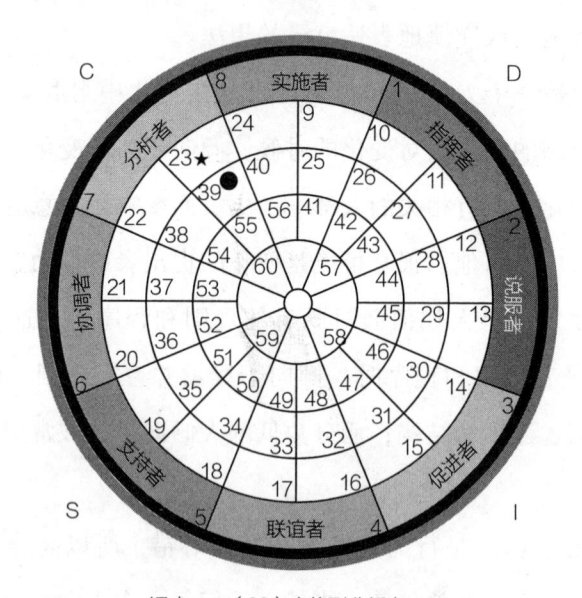

适应：★（23）实施型分析者
自然：●（39）实施型分析者（灵活）

风格洞悉轮图

可能读者们会问：为什么前面的两个柱状图是在这两个位置，那这个轮图里有编号的位置一共有 60 个，在其他格子里面的人或他们的行为风格柱状图是什么样的呢？这个问题比较专业，本书中不做探讨。关于轮图读者只需记得一点：每一个格子都代表一种柱状图的排列形式，几种出现在同一个区域中的柱状图会呈现出类似的行为特质，用最外圈在团队中的角色来表述。从右上角的 D 维度开始，分别表述为：指挥者、说服者、促进者、联谊者、支持者、协调者、分析者和实施者。

如果一个人的自然风格和适应风格分别是一个圆点一个五角星，逻辑上讲一群人的圆点和五角星就可以放在一张轮图上，让领导者可以直观地看到整个团队的行为特质。

<u>实践篇</u>

现在我们就来看看杨敏所在组织的行为风格轮图，图中每个圆点和五角星的数字代表不同的人。

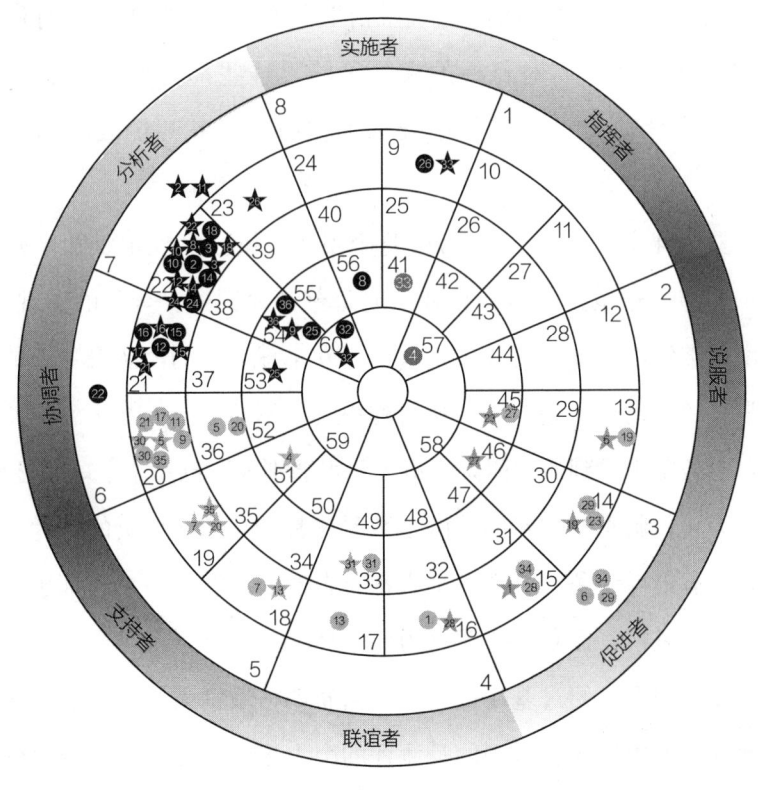

行为风格轮图

就算不了解 DISC 理论和测评工具的人也能一眼看出来：

（1）这个团队多数同事的行为风格集中在轮图的左半球和下半球。

（2）整个团队出现在右上角区域的只有三个圆点（自然风格）和一个五角星（适应风格）。

（3）根据我们刚才对自然风格和适应风格的描述，在工作状态下呈现D维度特质的只有五角星对应的那一个同事。

基于以上观察，这个团队的特质有以下几点：

（1）下半球主要看沟通与协作：团队中超过一半的同事展现出沟通和协作的意愿，正是新总经理眼睛里看到的"你好我好大家好"。

（2）至于新老板说"团队气氛融洽""要求团队提建议的时候，各种发散性思维足够多，但对目标的聚焦不够"这些都与D维度相关。整个团队只有一名团队成员在工作中展现了在面对任务和挑战时的速度和目标感。

（3）左半球主要看执行和运营：整个团队在执行中精准细致、按部就班、风控意识明显，这也正是能源行业每时每刻都强调"安全"的体现。当然，我们也说过被使用过度的特质就是过当，左半球主导的团队最主要的过当就是老板眼里的"动作太慢"和"执行的勇气"不够。

（4）老板眼中看到的"团队成员不愿得罪别人"也是左半球的显著特征。

到此为止，新总经理对团队的多数看法都能从团队成员的行为风格中找到根源。只有最后一条"好像每个人都有自己的主意，每个人都想做主"很明显不是行为风格，而是内心驱动力的范畴。

我们在第四章介绍过基于爱德华·斯布朗格激励因子理论设计的动机测评。在激发动力模块读者看到的是测评的个人报告部分，这一测评也可以做成团队报告，让管理者清晰地看到整个团队的关注点集中在哪些激励因子维度，以便更有针对性地设计组织或团队的激励机制。

以下就是杨敏所在组织的团队动机轮图，图中每一个圆点上的数字代表一位同事，外圈是所有人排第一位的激励因子，内圈是所有人排第二位的激励因子。团队轮图只放了排前两位的动机，是为了抓主要矛盾。

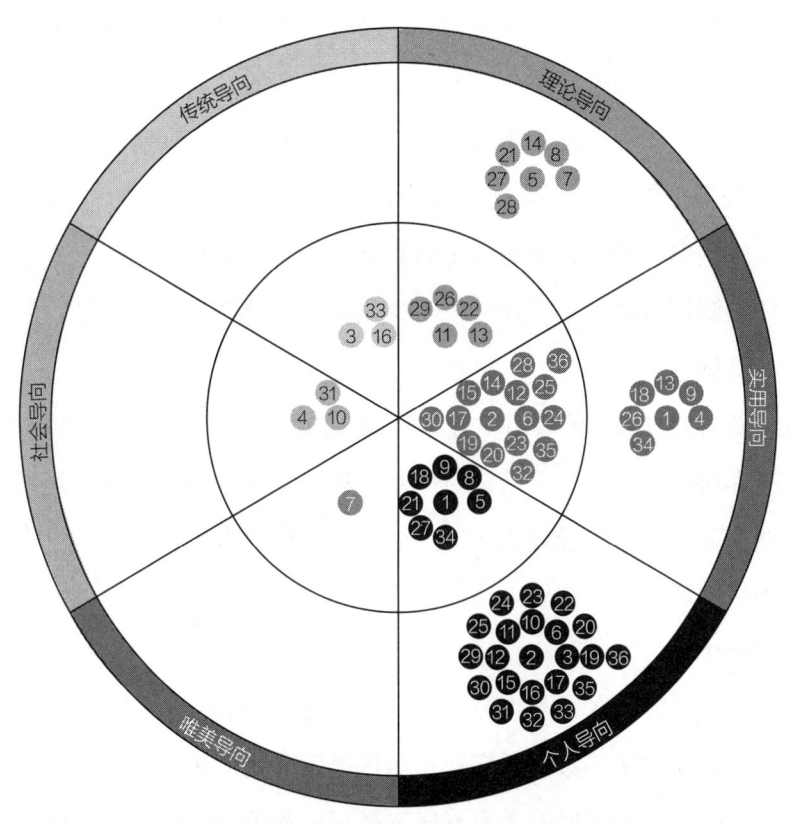

外圈=#1激励因子　内圈=#2激励因子

团队动机轮图

从这张图中我们可以非常明显地看到，团队中有将近一半的同事"个人导向"偏高。我们在第四章讲过，个人导向高的人追求"掌控感"和个人成就，希望在一定范围内有话语权。这就能够解释为什么杨敏所在的组织同事相处和谐融洽、团队整体偏安静、好像不争不抢，但很多人又很需要话语权和掌控感。二者一个是内心的想法，一个是行为展现，并不冲突。换句话说，团队里的大多数同事以平和的方式坚守着自己的话语权。

以上，我们从行为风格和动机两个层面对杨敏所在的组织进行了诊断，就明白新总经理指出的团队问题，很大程度上不是态度和能力的问题，而是团队里大多数成员的行为和动机偏好，没有好坏对错可言。但确实如果不配合业务环境做有效的调整，就可能会影响到业务的发展。

有了这两个测评工具的帮助，杨敏很快采取了一系列措施。

邀请公司全部同事一起进行测评报告解读，了解自己的行为和动机偏好，以及这些偏好给工作带来的正面和负面影响。同时要求每一个同事根据自己的特点制订行动计划，计划中至少包括一项行动是强化优势的，也要有一项行动是调整过当的。

邀请新总经理及7个部门主管一起找到团队的优势：精准执行、风险管控、沟通顺畅和协作共赢。这一结论与一开始新总经理对团队的看法其实是一个问题的两个方面。新总经理也在这一诊断的过程中进一步了解了团队，也增加了对团队的理解和认同感。当然这还不够，最终管理层制订出了有效计划以强化团队优势。

同时，8个领导在一起也分析了团队面临的挑战：对目标的关注不够、针对目标的解决方案不够灵活变通、执行速度需要加快、当变革和创新可能会带来员工情绪困扰的时候大家普遍选择观望和等待。针对这些挑战，除了员工个人的调整和改变，管理团队也部分调整了工作标准和运作流程，从系统层面鼓励创新并加快整体运营速度。

小贴士

这一模块我们讲了战略执行中对团队两个层面的认知：动机研究的是人们为什么行为，而行为风格研究的是人们如何行为，也有人把二者比喻为人的"心"和"手"。

这里我们只研究了这两个层面的认知在人才使用和团队绩效改进方面的应用，其实行为风格和动机的测评工具还可以用在日常工作中的很多方面：比如招聘中看人才和岗位匹配程度、培养中看发展的侧重点、员工保留中看员工动机与组织文化的契合程度。这两个工具可以在人才选育用留的所有方面帮助到组织的战略执行。

本书的最后一章还会介绍两个测评工具：一个测情商，它研究的是一个人辨识和管理情绪的能力，也可以理解为一个人清晰地知道什么样的情绪该在什么场景出现；另一个测人的底层认知系统，它帮助我们理解人的认知容量有多大。二者结合可以理解为一个人的"脑"。

而"脑、心、手"三者综合作用可以帮助领导者更有效地看清组织里的个人和群体，从而在战略执行的过程中不仅理解战略本身，也理解执行战略的那些员工。

系统思维：系统决定行为

痛点场景

细心的读者可能早就发现，本书每一模块案例主人公的姓氏基本上是按照26个英文字母顺序排列的，这一模块轮到Z开头，说明本书要向读者介绍的领导力概念、方法和工具也快到尾声了。在最后这一模块，我特别想分享对我30多年的职业生涯影响最大的一句话：**系统决定行为**。

我们先来看几个工作场景中的例子：

有一年，临近年底，我去一个客户的办公室，客户正在准备圣诞宣传。负责设计圣诞树的同事看我是外人，就拿着三款圣诞树的设计图征求我的意见，并且说："您不是公司员工，会比我们更贴近顾客。"当我选了其中之一时，那个同事若有所思地告诉我："可是我们老板喜欢另外一款。"我当时就想说："你不是问我么，跟你老板喜欢哪款有什么关系？"

一家线下零售的企业，员工的销售提成比例一直与业绩完成比例相同，也就是说完成80%就拿80%的提成，完成120%就拿120%的提成。到了年底，老板想冲一下销量，就让人力资源部和销售部一起想一个更能调动员工积极性的提成方案。两个部门商量之后提交给老板的方案是：如果员工当月的完成率能够达成130%就能拿双倍提成。这样一来员工的销售积极性果然被调动了起来，但销售总监发现了另外一个问题：有些店铺明明能超过130%，但员工觉得超多少都是双倍提成，不如把超过的部分留到下个月，万一下个月销售不好或有机会再冲130%，这月留下的"余粮"就刚好能派上用场。"藏单"在零售行业非常普遍，而且很多是被店铺经理或更高级的领导默许的。

一家银行希望提升一线员工的服务水平，又担心营业网点的领导没有时间顾及这件事，于是在区域办公室设了一个新的职位：服务督导。督导汇报给培训部门，他们的主要工作是在营业网点的办公区域内，远距离观察一线员工接待顾客的全过程并做记录。被督导的员工胸前有一个小麦克风，以方便督导的检查。一天结束之后，督导要对员工进行辅导，表扬优点指出不足。但督导只有责任现场指导员工，在员工的年度绩效评估中没有发言权。银行另外还有一个神秘客户工作，以神秘客户对一线员工的打分来评估督导的工作绩效。这个系统是不是听起来很复杂也很完善？问题很快就出来了：首先是神秘客户评分低的话培训部和网点会互相推诿责任，而评分高又都觉得是自己的功劳。其次，大多数督导们没有办法从工作中找到归属感和成就感。不出一年，这家银行的督导项目就无疾而终了。

理论篇

这一模块开篇我就提到"系统决定行为"这句话是我30多年职业生涯中，对我影响最大的管理理念。

我之所以这么喜欢讲系统，是因为过往的职业经历让我看到：作为高级领导，我们单凭满腔热忱和苦口婆心教育能影响到的员工总是少数。但如果我们能在工作中创造让每一个员工都满腔热忱的系统，那才是高级领导应该有的贡献。

所谓"系统"是一个人成长过程以及目前工作环境中所有内在和外在因素的总合。它不仅包括比较容易理解的工作设计、工作流程、财务规定、IT系统等硬系统，还包括很多容易被我们忽视的软系统，比如：原生家庭、教育环境、个人信仰、团队氛围、老板风格、组织文化等。

我们在第六章中谈过组织诊断的六大要素,其中最后一个要素就是系统。那一模块比较偏重硬系统,而这一模块偏重软系统。让读者们看到系统的力量有多强大,同时也期待高级领导们进一步反思:作为高级领导,你在哪些地方强化或影响了组织的系统。

方法篇

"系统决定行为"的理念很难给出一个具体的表格或模型,就以"痛点场景"中的三个案例为切入点,具体分析在不同的案例中我们能够从哪些角度去思考系统。

1. 圣诞树的案例

员工的"老板"正是我的朋友。在我的眼里,他是个非常谦和有风度的人,并且愿意听下属的意见。他的多数要求是合理和可实施的,如果下属认为他的要求不合理也可以跟他讨论。当然他也会喜欢或不喜欢一个员工,但至少我没有听说过他对不喜欢的员工不公平……那为什么员工对他的意见那么亦步亦趋呢?

我们就这个话题展开了以下谈话:"你需要下属表达跟你一致的看法吗?"

"如果我们的看法不谋而合也挺好,但如果他们有不同意见,可以提出来。"

"那以你对他们的了解,他们表达意见的时候都要考虑你的看法,可能是什么原因?"

"可能……大家希望得到我的认可吧。但我真的不会凭一个观点跟我的想法一样就认可一个员工,更不会因为员工的想法跟我不一样就不认可。"

这是我们在职场上经常遇到的状况:各级主管以自己的思路揣测老板的

好恶。想想看，如果组织中有一个大家默认的系统"你表达的观点最好跟老板的观点一致"，这个系统将影响整个组织员工的行为：他们的"聪明才智"就会放在揣测老板意图这件事上。

那怎么解决呢？就这个案例来讲，当事的老板不觉得需要额外做什么，因为整个组织的管理文化是开明和欢迎不同意见的，那位负责圣诞树设计的员工对老板的意见那么敏感，是她个人过往经历的小系统造成的。管理层相信在新的组织里工作久了，她也会慢慢融入新的组织文化。

当然，如果读者所在的组织也有这个案例中提到的系统问题，那可能要在组织文化建设上下功夫。读者可以参考第六章组织文化模块所介绍的方法和工具。

2."藏单"的案例

这是零售行业很多品牌面对的困境，我们尝试从系统的角度去理解。

高级领导不希望员工"藏单"多数是因为高级领导考虑的是组织业务最大化的问题。但如果他们自己就是那些完成130%或180%都拿一样提成的员工，他们大概率也会藏单。

这种情况下组织要调整的不是员工的态度，而是提成机制。我曾经见过最能激励员工的提成机制是按完成率的平方提成，就是完成80%只能拿64%的提成，完成120%就能拿144%的提成。在这样的机制下，员工会更愿意在业绩超过130%之后继续努力。

当然，任何系统都不是完美的，或者一时完美未必永远有效。比如这种完成率平方的提成机制，就对目标设定的精准程度有要求：目标设高了，员工完不成，连续几个月收入不符合预期，员工就会流失；目标设低了，人人完成150%，组织就要付出225%提成奖金，短期可以，长期对组织的营收平衡是个压力。

3. 银行督导的案例

督导们在工作中的行为和满意度与他们的个人能力、性格以及情商等都有关系，这些都是他们在过往成长过程中积累的小系统。同时从组织责任的角度看，一个岗位设置是否合理又变成了大多数在岗人员能否做好工作的大系统。换句话说，如果一个督导的工作遇到挑战，有可能是他自己的小系统与岗位不匹配；但整个银行几十个督导都遇到类似的挑战并最终造成督导项目无疾而终，那肯定是组织大系统出了差错。

至少从上面的故事里我们看到"督导"这个岗位设置明显责、权、利三者不匹配，当一个岗位的工作责大于权，又要去跟别人争利，这个岗位一定是有缺陷的，再优秀的人在这样的岗位上都会遇到挑战。

那这个案例怎么解呢？这就要回归设置督导岗位的初衷。银行的负责人在设立督导项目之初的目标是希望提升一线员工的服务水平，又担心营业网点的领导没有时间顾及这件事。那么问题来了：营业网点的服务水平是不是组织考核网点领导的其中一个项目？答案是肯定的。既然服务水平是网点领导的绩效内容之一，他们就应该分配合理的时间去观察和辅导员工。换句话说，他们现在没有时间，组织要做的事情是鼓励和帮助他们重新分配时间，而不是设立"督导"的职位承担一部分他们的工作。

实践篇

下面这个案例也是类似岗位设计的案例，曾经困扰了组织管理层很久。

这是一个欧洲时装品牌的例子，金融海啸之后全球销量有所下滑，品牌总部确立品牌的其中一个全球战略重点是高级定制，并在总部和几个重要市场设立了一个新的职位：高级定制经理。顾名思义，这个岗位应该负责与高级定制有关的工作，但到底是哪些工作也没确定好就招了个做VIP客户非常有经验的人回来。

这位经理一上任就调动自己过往的各种经验、各个渠道帮公司做了不少生意，老板很满意可是店铺很不满意。进行高级定制的顾客来来去去都是同一拨人，他们今天买张家明天买李家，跟哪家都熟。这位经理以为是他从张家把顾客带来了李家，这些顾客本来就在李家的资料库里，并且一线店铺员工已经耕耘了很久，突然被截了和，那各级零售经理能答应吗？品牌一年内连着换了三任高级定制经理，都跟零售团队和各个店铺闹得不欢而散。公司CEO怀疑他们招的人情商有问题，要求HR聘请外部咨询顾问在招聘方面把把关。

咨询顾问了解了大概情况之后觉得这根本不是个人情商或能力的问题，系统不改变，招谁来都解决不了这个困境。品牌的CEO告诉咨询顾问：

（1）总部设立这个岗位就是要提高高级定制在整体生意额中的占比，也没具体说这个人除了销售还应该做什么，只能摸着石头过河。

（2）高级定制是品牌全球的长期市场策略之一，也是预期的业务增长点，不论多难，中国作为重点市场都应设这个岗位。

（3）高级定制业务还有一个很大的挑战就是每一年顶级面料极其稀缺，哪个市场能抢到符合自己市场需要的面料就已经赢了一大半。

（4）目前从总部拿货的工作全部由采购部门负责，高级定制只占他们采购量的很小一部分，他们没办法分配太多的精力，而且采购部门对当季的高级面料也不是很精通。

咨询顾问和CEO的谈话到这里，答案已经呼之欲出了：把高级定制经理的工作职责从"卖"变成"买"，招聘的方向不是高级销售而是时尚专家，特别要强调对面料、时尚和顾客需求的敏锐度……"系统"变了，新来的高级定制经理也不用刻意讨好零售团队，店铺的员工都期望他去总部拿货，工作关系自然就顺了。

以上案例偏向软系统，展示了系统如何在一夜之间改变人的行为。

小贴士

　　"系统决定行为"的理念不仅可以用在工作中,也可以在生活中带来意想不到的效果。网上有一个只有20秒的视频,充分对比了"说教"和"系统"对行为的影响。视频中一个三岁的小女孩把自己的碗递给外婆说:"外婆帮我盛碗饭,谢谢!"外婆什么话都没说就把碗接了过去。坐在旁边的妈妈马上教育孩子:"你怎么能让外婆帮你盛饭!"小女孩理直气壮地回应:"我说谢谢了呀。"妈妈还要教育孩子,镜头一转,外婆把一碗满得像小山一样的米饭放在了孩子面前,孩子的表情先惊讶后为难,妈妈偷笑,视频结束。

　　妈妈和外婆都想帮孩子建立"自己的事情自己做"的行为习惯,妈妈的做法叫"说教",而外婆在视频中只是通过满满一碗米饭让孩子知道:只有你自己才知道多少合适,那自己盛饭是最好的做法。而这满满一碗米饭就是改变孩子行为的系统。

　　组织中的高级领导并不是因为他们比别人做了更多的工作所以高级,而是因为他们的工作内容对组织的影响更大、更长远。换句话说,高级领导应该不是作最多决策的那些人,但一定是作最重要决策的那些人。那到底什么是重要决策?能影响组织目标、战略、政策、流程和文化、观念、行为的决策多数是重要的,而这些都是组织系统的范畴。

第八章

生涯管理

写完第七章，本来整个领导力体系就表达完整了。思来想去我还是写了这一章，因为在咨询、讲学和教练的工作中，我看到很多面对生涯困扰的职场人，而且我接触的大多数都是中高级领导。如果中高级领导都自顾不暇，他们怎么能全身心投入工作并带领团队！

在这一章，我会介绍职场中人常见的生涯困境场景，每个模块主要介绍一个对应的工具或思路。当然，读者也可以根据自己的生涯状况，结合使用其中两个以上的工具。

制胜职场：情商的重要性

痛点场景

这是一家大型跨国公司的亚太区人力资源副总裁的困惑：他们公司的中国区 CEO 业务能力很强，但也很让高层头疼。大概情况是这样的：

（1）她非常能干，加入公司不到五年的时间，中国区的业绩实现了超预期的增长。

（2）她的先生是德国人，两个孩子正在读书，成绩中上。公司里所有家属出席的活动都能看到他们夫妻恩爱有加，但大家又经常在办公室听到她在电话中吵架。

（3）她很喜欢员工围着她转，逢年过节或者她生日，整个办公室花团锦簇，成了花的海洋。送花的除了公司内部各部门高管，还有各种供应商，甚至所在办公楼的物业。

（4）最近她发现办公室的机票供应商有问题，管理机票供应商的是她秘书。她没有跟秘书沟通过这件事或寻求 HR 的帮助，就要求这个员工离职。为此，她的秘书在提交辞职信的同时向公司总部投诉了她。总部要求亚太区 HR 介入调查，才发现在处理这件事的过程中她过于草率。

（5）最近公司员工流失率提升，很多员工反映受不了她的坏脾气。举个例子：几乎每天她的办公室里都会不止一次传出她气愤的声音"你给我出去！"殊不知，能进她办公室讨论问题的都是各部门副总裁或总监，这些被赶出去的高管们将如何面对并带领他们的团队？再说，问题没解决，出去了不是还要回来继续讨论吗？

（6）公司在重新招聘各部门高管的过程中听到这样的反馈：市场上传言她是个很难相处的老板，很多有意加入并且资质不错的应聘者，听到上级是她，要么婉拒要么要求跳过她直接汇报给亚太区。

……………

从以上的描述中我们不难看出，这位CEO面对的一个最明显的挑战是情绪管理。

理论篇

亚里士多德在《伦理学》中有一段著名的描述："任何人都会生气，这很简单。但选择正确的对象，把握正确的程度，在正确的时间，出于正确的目的，通过正确的方式生气，这却不简单。"

这段话要表达的意思是人都有情绪，所以我们会发脾气，但就算发脾气也要自我管理，要把发脾气这件事控制在"五个正确"的范围之内。从这个角度说，有些领导特别是高级领导有所欠缺。

现在越来越多的领导开始重视情商对自己身体、事业和人际关系的影响。目前市场上也有各种有关的理论和工具，这里介绍一个比较容易理解的理论。丹尼尔·戈尔曼认为情商包括以下五个维度：

（1）认知自己的情绪：在情绪还没来时就知道自己情绪的引爆点是什么，在情绪来了的时候能清楚分辨那是什么情绪。

（2）管理自己的情绪：管理不是压抑也不是忽略，而是首先接纳正面或负面的情绪，然后知道以什么样的方式释放和舒缓过激的情绪。

（3）动机：对自己的目标有坚定的热情并能够自我激励，全力以赴地追求目标。

（4）认知别人的情绪：有足够的敏锐度和洞察力识别并体会别人的情绪，

就是我们常说的同理心。

（5）管理别人的情绪：运用不同的社交艺术和沟通工具有效地影响别人的情绪。

前三个维度又可以归纳为自我情商，后两个维度是社交情商。

方法篇

说到情商，我们经常听到这样的声音："我为什么要委屈自己迁就别人？"高情商绝不是委屈自己，而是认知、理解、接纳和管理自己的情绪；更不是迁就别人，而是在同样理解和接纳别人情绪的基础上，与对方有效地相处。

情商可以通过自陈式的测评强化自我认知，下面这个情商测评报告就是根据丹尼尔·戈尔曼的五个情商维度设计的。

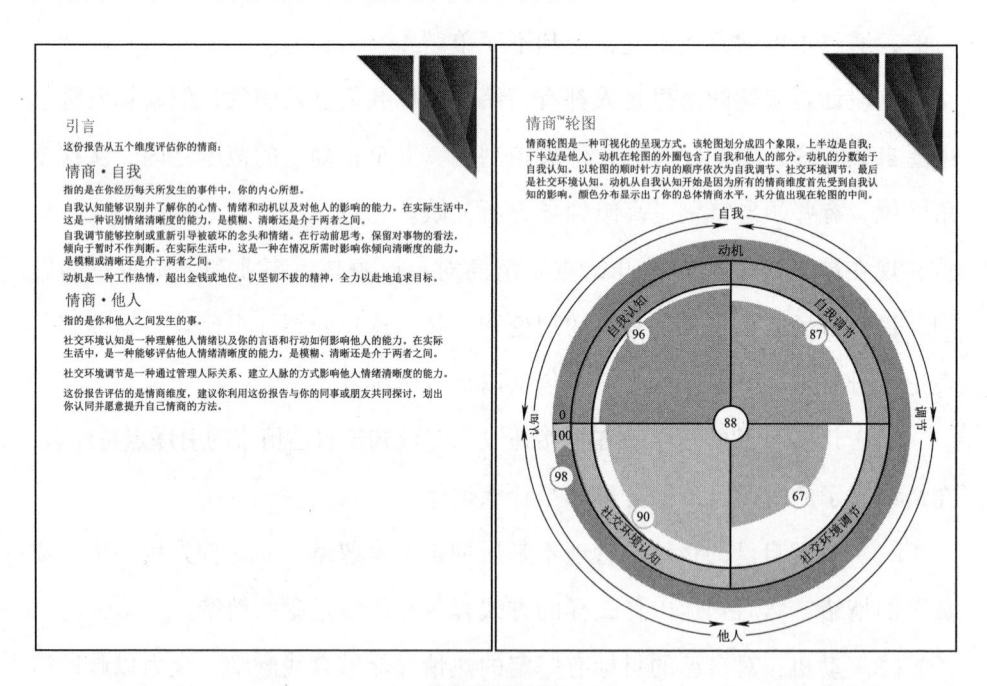

情商测评报告

了解了自己的情商水平，那么如何提升情商呢？我们一个一个维度来解读。

1. 个人情商——自我认知

情绪是如何产生的？这跟人的大脑构造有关。很多涉及脑科学或神经科学的著作都有介绍，这里我们先不重复科学研究的内容，而是从实践的角度谈一谈如何强化情绪的认知。

我们在第四章激发动力模块和第七章选育用留模块分别谈过人的动机和行为风格。实践中这两个维度和情商组成了一个人的行为"铁三角"：情商说的是一个人做决定或采取行动时脑子里在想什么，动机说的是一个人的内心受什么驱动，行为风格说的是一个人手上如何采取行动。而"脑、心、手"三者互相作用，基本决定了一个人日常行为的有效性。我们在前文提到行为风格和内在激励都没有好坏对错之分，每一种行为和内在驱动都有它的优势，当然也会有过当。而情商被认为是一种能力，既然是能力就有高低之别。

在自我认知这一步，我们要做的是了解自己是不是比较容易发脾气的那一类人。从行为风格的角度讲，规律上看 D 和 I 都高的人更容易发脾气：高 I 情绪丰富，高 D 没有耐心并要求别人按他的方式做事，二者结合会比较不容易控制情绪。而高 C 和 D、C 双高也非常细腻和敏感，他们的脾气可能不会发出来，但憋在心里容易出问题。当然不论是谁都有情绪，不论是谁也都可以通过情商的提升和后天的修炼来控制情绪。

如果我们发现自己是比较容易发脾气的行为类型，要找到自己特别容易被"点着"的那些情景。比如我们常说的"路怒"：在亲人和朋友的眼里他们并不是控制不住情绪的人，但只要开车上路，哪怕前面的车只是开得慢一些，他们可能都会生气。如果一个人能找到自己在哪些情境之下比较容易受情绪控制，他大概率可以避免这些情景的出现，或者在这些情境还没出现之前预见自己可能的情绪。

以下途径可以帮助我们提升自我认知：

（1）思考自己的情绪和行为之间的关系，识别潜在负面情绪的原因。

（2）记录自己在各种触发场景的情绪反应。

（3）向亲近的人描述情绪发生时的内心感受。

（4）征求别人的反馈，以之与自我评估进行比较。

（5）从复杂的事务性工作中抽出时间，阶段性思考自己的情绪状态。

2. 个人情商——自我调节

知道了自己可能产生情绪的场景，或在这些场景中可能有怎样的情绪表达。我们就可以尝试用以下两个简单的工具管理自己的情绪。这两个工具一个暂且治标，一个长远治本。

治标的做法：意识到自己情绪失控的时候逼自己不说话、不行动。为什么呢？这就不得不说到人脑的结构：人的情绪脑（杏仁核）比理性脑（大脑皮层）接收信息的途径短、速度快。换句话说，情绪已经产生的时候理性还不知道发生了什么事。所以，如果可以在情绪冒出来的前六秒钟（市场上也有个工具就叫"六秒情商"）不采取行动，基本上被情绪控制的可能性就小了一大半。

治本的做法：改变对事物的看法，从不同的角度理解让我们有情绪的事件。为什么这样就能治本呢？我们一直以为人之所以有情绪是被外界环境刺激的，直到20世纪中期一个叫阿尔伯特·艾利斯的心理学家提出了ABC理论。这一理论认为：触发事件A（Activating Event）只是导致情绪和行为后果C（Consequence）的间接原因，产生C的直接原因其实是个体对A的认知和评价也就是信念B（Belief）。比如：老板把员工辛苦熬夜完成的报告打回来要求重做，不同的员工可能产生不同的情绪：或沮丧、或愤怒、或委屈、或忐忑、或愧疚……这通常来自每个具体的员工怎么看报告被打回来这件事（A）：你觉得老板就是跟你过不去（B），那你就会愤怒（C）；你觉得报告不行至少他应该体恤你熬夜的辛苦（B），那你就会委屈（C）；如果你认同他的高标准，也理解他要求重做是对他自己的要求也是对你的栽培（B），那你的情绪可能就是愧疚甚至是感激（C）。

除此之外，我们还可以尝试以下行为来提升自我调节的能力：

（1）情绪不论是正面还是负面的都有价值，不害怕负面情绪的出现，但要帮它找到恰当的出口。

（2）如果负面情绪已经产生，事后回顾自己的行为，并找出这一行为的受益者和受害者（多数情况下，负面情绪的表达没有受益者）。

（3）负面情绪爆发或产生不良后果一周或更长时间以后，再问自己：真的需要用当时的方法来解决问题吗？

（4）寻求身边人的帮助和反馈，最好和他们约定某些提醒你的"暗号"，在你表达负面情绪的时候及时提醒你。

（5）回想过往能够改善情绪状态的工作场景，尝试场景重现。

3. 个人情商——提升动机

情商的第三个维度也叫动机，但这里的动机指的是自己内心对目标的渴望，以及由此而产生的行为。而我们在第四章激发动力模块提到的动机是指外部世界的哪些因素能够给一个人带来愉悦感，这两个动机一内一外是有区别的。

举个例子比较容易理解：我写下这一段文字的时候，卡塔尔世界杯鏖战正酣。只要有阿根廷队的比赛就能看到赛场内座无虚席，连我这个伪球迷都会熬夜看直播，我相信很多人像我一样关注梅西。我们一定听过很多关于梅西的故事：小时候的身体条件、对足球的执着、辗转治病的艰辛……所有这些，都是这里所讲的"动机"。

所以强化动机其实就是强化目标的吸引力。一个人越执着于自己想要的目标，就越容易产生坚定的行为。

我们可以尝试以下行为来提升自己的动机：

（1）明确目标对自己的重要性。

（2）把看上去很大的目标分解成比较容易实现的小目标。

（3）每实现一个小目标给自己一点小奖励。

（4）为自己找到榜样，了解他们成功背后的故事。

（5）与身边的人分享自己的成功故事。

以上三个维度说的都是个人情商，下面介绍社交情商。社交情商的两个维度分别是社交环境认知和社交环境调节。

4. 社交情商——社交环境认知

社交环境认知是指识别并体会别人的情绪。提升社交环境认知其实就是强化同理心，可以尝试以下的练习：

（1）在表达自己的观点之前，先充分理解别人的想法。

（2）提高对别人肢体语言的敏锐度，从中解读出他人的情绪状态。

（3）在恰当的情况下，与你的观察对象确认你观察到的情绪状况。

（4）与可信赖的人讨论他人情绪带来的正面或负面的影响。

（5）如果不能站在对方的立场去看待你完全不理解的人和事，先接纳它存在的必然性。

5. 社交情商——社交环境调节

社交环境调节能力可以帮助一个人有效地与人互动，同时帮助沟通对象走出情绪的困扰。以下做法会帮助我们强化这一能力：

（1）提升对周边环境中各种人的兴趣。

（2）请喜欢你的人分享与你互动的经历，你的哪些行为给别人带来愉悦感。

（3）如果与别人发生了误会，尝试主动寻找补救的办法。

（4）不仅关注自己的语言，也关注非语言交流对别人情绪的影响。

（5）关注自己社交圈的质量而不是数量，因为在"泛泛之交"或"一面之缘"中，你很难提升自己对周边环境的情绪影响能力。

实践篇

回到开篇中国区 CEO 的案例，在征得她同意的情况下，我们先来看看她三年前的情商报告：

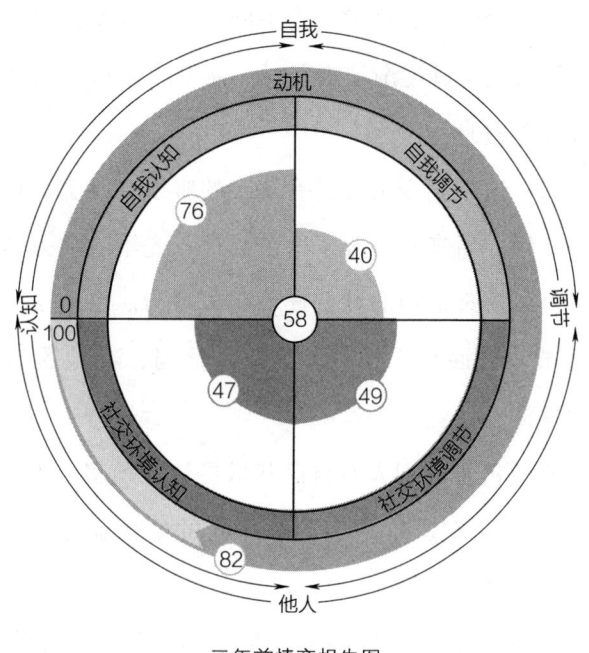

三年前情商报告图

比起我们前面看到的样板报告，这张图"四片比萨"得分明显低很多。当然我们也看到：与其他维度比较，她的自我认知处于人群的中间水平，她可以从这个维度找到突破口。

自我认知：她清楚地知道自己的情绪触发点是别人不接受她的建议，她认为这是对她极大的不尊重。至于为什么"尊重"对她这么重要，她也清楚地知道这源自她的原生家庭。

自我调节：这是她得分最低的一个维度。一方面她不想调节，因为她的内心有一个声音告诉她：从小到大都是她在调节、迁就别人；另一方面她也确实不会调节。其实每次对下属发过脾气后她都非常自责和内疚，也无数次告诉自己"没有下次",可是不奏效。采纳了上文所说的"治标"的方法,她把每一次忍不住要说的那一句"你给我出去"换成了"请你先出去,我们过一会儿再谈",取得了不错的效果。

动机:这个维度她的得分高过人群中间值,她非常清楚自己的目标是什么,在梳理动机的过程中她逐渐清晰了对一件事的认知:"得人心者得天下",同时"水能载舟亦能覆舟"。

社交环境认知:这是到今天都没有解决的维度,她尝试过各种不同的做法,但一直不得要领。后来她解开了这个心结:先不着急去同理别人,先让自己就算不同理也要展现恰当的社交环境调节行为。

社交环境调节:到底什么样的行为叫作恰当,在她的工作和生活场景中,她总结出了这样几条:

(1)自己内心的富足比别人对自己恭敬更让人踏实:所以她尝试要求员工叫她的名字而不是"老板",并且过去两年的生日她都选择休假,刻意避开大家已经习惯了的送花场景。

(2)当下属表达的意见与她内心的想法不一致时,强迫自己针对对方的想法提出至少三个问题。思考这三个问题的过程帮助她成功转移了对别人是否尊重她这件事的注意力。

(3)开诚布公地与家人(包括两个未成年的孩子)讨论她的情绪困扰,寻求家人的建议和帮助。后来她发现这一做法在她身上非常有效,甚至还顺手改善了夫妻关系和亲子关系。

(4)在工作中遇到与她的价值观发生冲突的事件时不假设,而是寻求专业人士的帮助。

这个转变过程并不顺利,前前后后花了两年多的时间,过程中也会有很多痛苦和纠结。下面是她新做的情商报告:好像仍然不高,但她的同事和家人都能明显感觉到她变随和了,也没那么焦虑了。

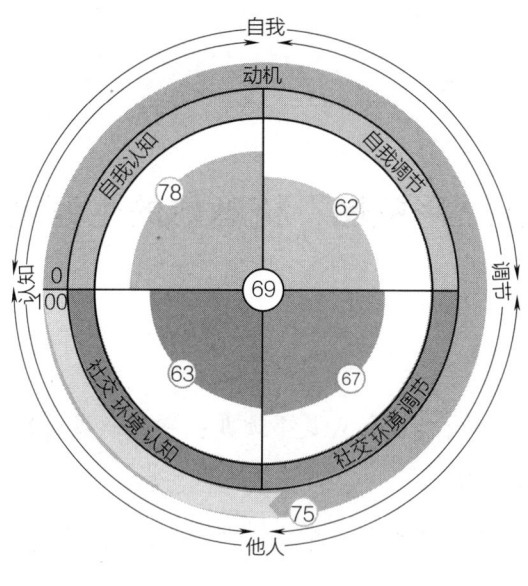

新情商报告图

小贴士

这一模块我们把注意力放在情商的话题上，但毫无疑问案例中的 CEO 除了要对自己的情绪有更多的认知和把控之外，她个人认知水平的提升也能从另一个角度帮助她有效管理和控制自己的情绪：当她能坦然接受自己的原生家庭的时候，当她面对不同的业务场景都有能力处理的时候，当她的家庭生活更心平气和的时候，她内心的焦虑就会少很多，就算有也不会那么频繁地以情绪化的方式表达出来。

而"个人认知水平"到底是什么以及如何衡量，我们会在后面的突破极限模块详细介绍。

职业瓶颈："彩虹图"梳理你的生涯重点

痛点场景

40岁好像对很多女性职场人是个坎儿：一些职场女性从一过35岁就在思考一系列的生涯选择：

越来越多的组织把高管的晋升年龄定在35岁，她们当中的很多人在这个年纪还不是高管，可是未来的职业生涯至少还有20年，这20年充满了不确定性。

其实也不是人人都想做高管，关键是组织内外环境变化太快，很多曾经热门的工作岗位不复存在，新出现的工作岗位完全不是自己熟悉的领域。同时，以自己的年龄和上有老下有小的生活状况，学习新的知识和技能甚至转行非常不易。

说到家庭，很多这个年纪的职场人都有1~2个孩子，日常照顾家庭、给孩子辅导功课占用了大多数的私人时间，年轻时曾经对生活有过的各种期待已经变成了"眼前的苟且"，却又在偶尔独处时惦记着"诗和远方"。

有些家庭选择在孩子高中甚至更早的时候送到国外去读书，那孩子的生活谁来照顾？不放心送寄宿家庭，又不甘心自己完全做个家庭主妇去陪读。

不管有孩子还是没孩子的，哪怕是单身的中年女性，在这个人生阶段都或多或少思考过一个问题：这辈子还要不要再生一个孩子？要，好像40岁又是一个生理坎儿。

人生就是这样：好像别人都活得毫不费力，而自己就算竭尽全力也总有这样或那样的遗憾。没有遗憾不太可能，但少留遗憾却有方法。

理论篇

这里介绍一个工具"生涯彩虹图"，帮助各位领导在自己年富力强的职业生涯中期，看清自己每一阶段的生涯重点。

"生涯彩虹图"的提出者是心理学家舒伯，他是职业规划和生涯管理领域的专家。他的"生涯发展阶段理论"把人的一生分为五个阶段，我们常说的"职业生涯"只是这五个阶段中的一部分，虽然它历时很长并跨越几个阶段：

（1）成长期（0~14岁）：个体在这个阶段逐渐形成和发展对自我兴趣、能力和需要的认知。

（2）探索期（15~24岁）：个体在这个阶段逐渐缩小、界定和实践自己的职业选择。

（3）建立期（25~44岁）：这个阶段的个体在不断巩固和提升职业技能的同时，也要努力平衡在家庭中的角色。

（4）维持期（45~64岁）：这个阶段的个体在不断调节和发展的过程中，努力巩固和提升已经取得的成就。

（5）退出期（65岁以后）：个体的重心逐步由工作向家庭和休闲转移，开始寻找新的精神满足。

在后期的研究中，舒伯又进一步深化了生涯发展理论，把每个阶段再细分为成长、探索、建立、维持和衰退五个阶段，大循环中有小循环，他认为人生就是一个发展的循环。

方法篇

这个工具之所以叫"生涯彩虹图"，是因为完成之后它的样子像一道道彩虹。根据舒伯的生涯理论,生涯不仅仅指职业生涯,而是贯穿人一生的所有角色的总和。

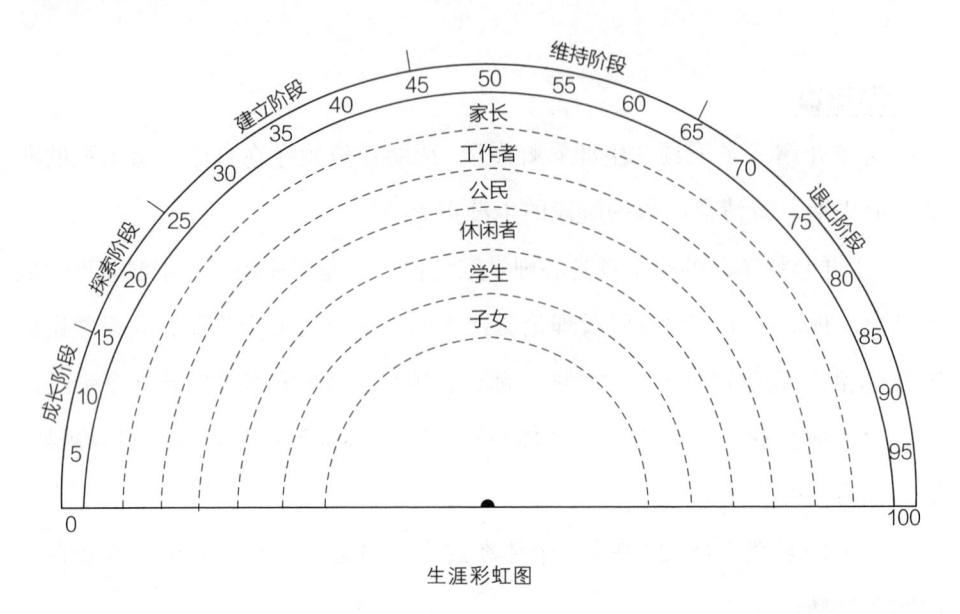

生涯彩虹图

"生涯彩虹图"是个非常有效的工具,让使用者可以直观地看到自己的整个人生(从"彩虹"一端的0岁到另一端的100岁),并根据"生涯阶段理论"规划自己在不同生涯阶段的工作和生活重点。

那"生涯彩虹图"怎么用呢?下面这一张图就带着我们使用这个工具来思考我们每个人生阶段要扮演的角色,以及每个角色的权重:

专业生涯管理机构"才程"提供了这张图并授权本书使用,这里我们就根据这张图的指引一步一步展开这一思考过程:

第一步是罗列我们在一生中需要扮演的主要角色,这些角色包括:父母的"子女",成家之后我们既是"子女"又是"配偶",还可能是"父母";我们从进入小学开始就成了"学生",而这一角色可以一直持续到我们人生的终结;我们人生很长的一段时间都在扮演"工作者"的角色;同时承担着作为"公民"对社会的义务。除此之外,我们会给自己留出独处的时间,作为"休闲者"发展自己的兴趣爱好……所有这些角色未必在我们画图时全部出现，那我们在界定角色时就可以根据自己的实际情况有所取舍。

家长
配偶
工作者
公民
志愿者
休闲者
朋友
学生
子女
……

1. 罗列角色：你现在所扮演的角色有哪些？

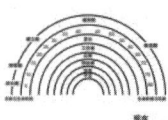

2. 挑选你认为最重要的5个角色，分别写在彩虹图的每一层上（没有顺序要求）。

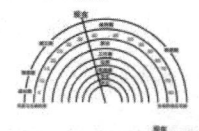

3. 根据你的年龄，在图上绘制一条"现在轴线"——从圆心连到你的年龄数字；轴线的左边为你的"过往"，轴线的右边为你的"未来"。

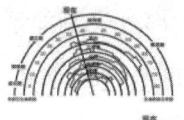

4. 根据你的精力分配，先完成"过往"部分的绘制；然后再绘制"将来"。

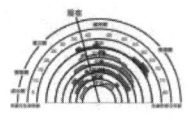

5. 涂色：高代表精力投入多，低代表精力投入少，甚至没有。

彩虹图绘制方法

第二步挑选你认为最重要的5个角色，不是让人们减少生活角色，而是让我们把注意力放在自己认为最重要的事情和关系上。"5个"也只是建议不绝对，很多人在职场中都是中流砥柱，那这张图中出现7~8个角色也很正常。

第三步最简单，在代表我们现在年龄的那个点和圆心之间画一条线：毫无疑问这条线的左手边是我们已经经历过的人生，而右手边是对未来人生的规划。

第四步就开始画"彩虹"了：每一个角色"彩虹"的宽窄代表我们在这个角色上所花费时间的多少。比如5岁之前我们几乎只有"子女"这一个角色，那这一角色在0~5岁就以最宽的状态体现；之后的几十年我们仍然是子女，但随着其他角色的加入，我们分配给"子女"这一角色的时间就会少很多，在"彩虹"上的体现就窄了很多；一般在50岁前后，我们的父母进入了需要子女更多关心和陪伴的阶段，大多数人50岁之后在"子女"这道"彩虹"上又开始变宽。

最后用不同的颜色填充每一道"彩虹",以直观地展现每一个角色的轨迹。

以上是整个画图的过程,但画图不是目的,用"生涯彩虹图"来梳理自己每一个年龄阶段的生涯重点,并解决困扰才是目的。

举个例子:有些刚退休的人会变得情绪低落或身体出现问题,其实就是到了退休的阶段,有些角色明显变少甚至不存在,人生空余出大量的时间却没有被新的角色填充。这一阶段大部分夫妻关系相对稳定,子女也已经长大成人,生活中的"配偶"和"父母"这两个角色所占的时间比例就会相应减少。如果退休之后完全不工作,那作为"工作者"的角色就不存在了。突然减少了这个重要角色,也是很多人在刚退休的时候会特别不适应的原因。

这个时候如果用生涯彩虹图规划自己50~70岁的人生,有人选择加重"公民"的角色参与公益事业,有人选择加重"学生"的角色重新回到课堂,也有人选择加重"休闲者"的角色外出旅行,还有人可能在不久的将来要加入"祖父母"的角色并投入大量的时间……这也是很多人在退休之后重新开始并"老有所乐"的过程。

每个人的选择都会受环境和个体价值观的影响,而"生涯彩虹图"能帮助我们更直观地看清现在和规划未来。

实践篇

我们以前文"制胜职场"中提到的中年女性CEO为例,来看看生涯彩虹图如何帮助她看清自己的生涯重点。

前文我们提到她先生是德国人,早在16年前就被派到中国工作,他们也是在那时候认识的。有些读者可能会了解,很多跨国公司的外派是以三年为单位的，并且规定同一工作地点最多外派两次。也就是说外派员工每三年跟公司签订一次外派合同，合同到期之后外派员工要么会被调回总部，要么被外派到其他市场。而她先生已经在中国工作了 16 年，其中一个主要原因就是因为他在中国结婚生子，而妻子的事业发展趋势强劲，从初相识的区域销售经理一路升职为中国区 CEO。

其实她先生在多次与公司续签外派合同的过程中遇到了很多困难，职业发展也受到了很多限制。这使得他们夫妻之间对于是否继续留在中国有过一些探讨甚至争论。

我们在前一个模块重点关注了这位 CEO 在职场上的情商展现，这一模块对生涯的梳理就要考虑她在生活中的角色如何影响到她的生涯抉择。以下是她自己画的生涯彩虹图。

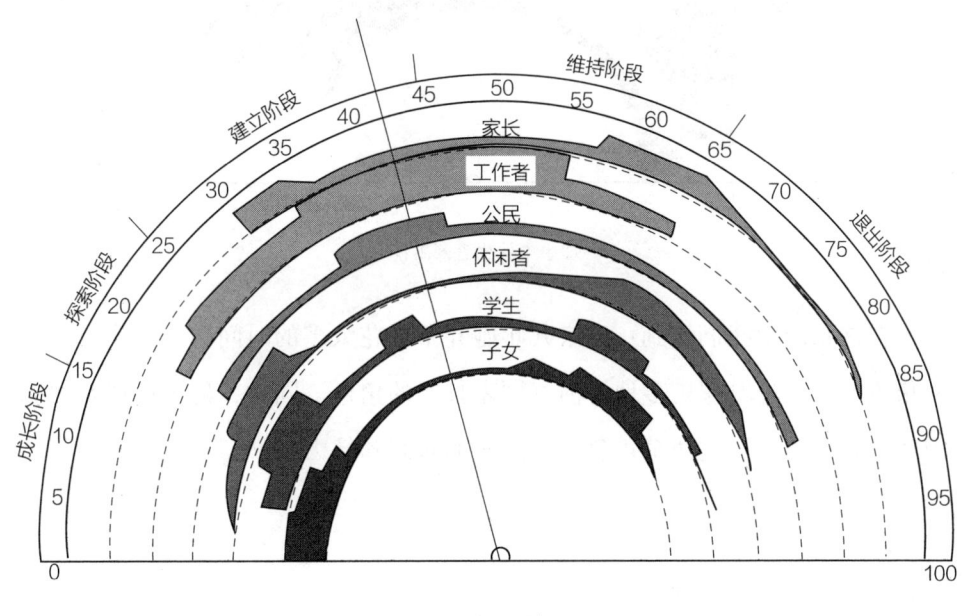

CEO 的生涯彩虹图

图中我们可以看到，现阶段"工作者"的角色占用了她大部分的精力，而"家长""休闲者""子女"这几个与个人生活质量相关角色是缺失的，这也是部分职场人面对的困扰和挑战。在这一挑战面前，她以为自己坚毅的性格和强硬的作风能够克服挑战，然而事与愿违。

所以在提升情商的同时，她也清楚地知道情商的提升只能让她赢得更多的认同和好感，却不能帮助她作生涯决策。她另外又画了一张自己理想中的生涯彩虹图：

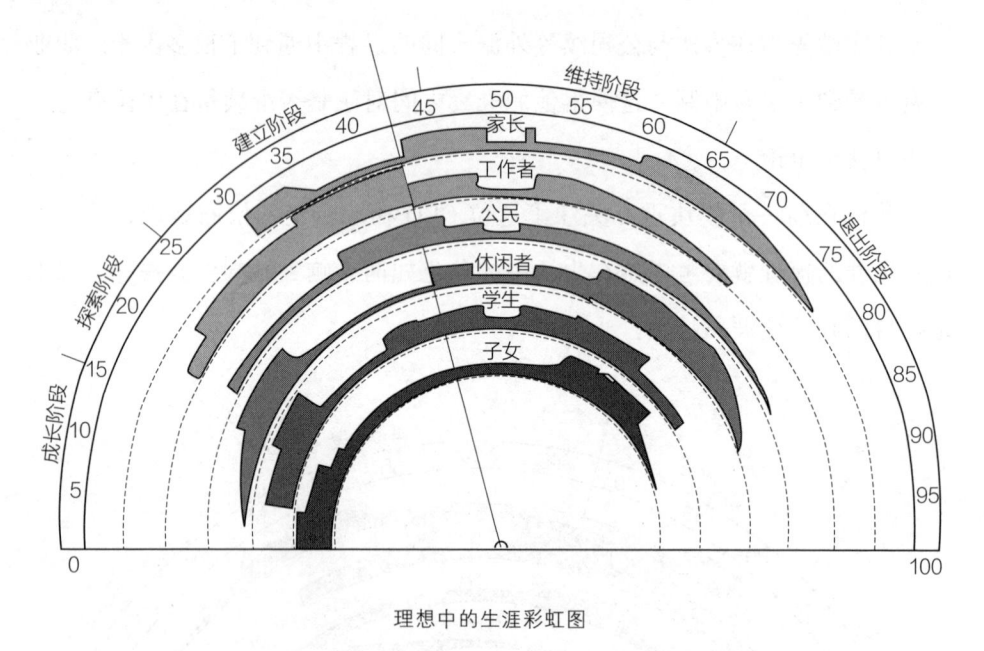

理想中的生涯彩虹图

在这张图中我们看到：未来几年她并不想花太多的时间在"工作者"这一角色上，而是希望更多地扮演好"家长"的角色。同时，她也期待在"休闲者"和"学生"这两个角色上花更多的时间和精力。

小贴士

这一模块的切入点是职场女性，主要是有些与家庭和生育相关的困扰在女性身上比较多见。生涯彩虹图的运用并没有性别和年龄限制，现在很多大学都会在大学生毕业时教他们运用生涯彩虹图来规划自己的未来。

"生涯彩虹图"是一个思考的工具，帮助职场中人特别是高级领导在面对各种责任、压力和诱惑时，知进退、懂取舍。

突破极限："价值论"助力深层自我觉察

痛点场景

这是一个企业创始人的烦恼。他是大股东，占51%的股份，有两个联合创始人。他们一起创业将近五年的时间，最初的几年大家都处在摸索阶段，一路走来磕磕绊绊，倒也十分融洽。最近几年业务慢慢走上正轨，两位联合创始人个人的性格和能力特质也逐渐显现出来，有些成为他们事业发展的助力，有些却变成了阻力。

最明显的例子是：之前大家手忙脚乱地打江山，也没什么章法。现在组织规模大了，组织有了自己的价值体系和各种规章制度，可是其中一位联合创始人总是不遵守规章制度。更有甚者，他最近的工作好像有点儿不在状态，该关心的方向性工作理不清楚，不该操心的小事总是揪着不放，业务推进迟缓的同时也引起了下面团队的不满。

公司也给员工做过职业发展的培训，其中就包括我们在第七章提到的行为风格 DISC 测评，这位联合创始人当时测出来是高 S 高 C 行为风格。大股东不明白，理论上讲高 S 应该顾全大局，高 C 应该遵守规则，怎么这两条优点在这位联合创始人身上完全找不到呢？反而高 S 高 C 的动作慢和为了追求细节而忽略整体的特点，在他身上倒能鲜明地体现出来。

理论篇

在情商模块我们提到"脑、心、手"三者的结合基本决定了一个人日常行为的有效性。之所以说"基本"就是还不够完整，因为在脑的部分我们只讨论了情绪的稳定性，还缺少一个非常重要的因素，那就是"脑容量"。"脑容量"是指一个人认知世界的广度和深度，也可以简单理解为一部手机的底层运作系统能不能辨识和接纳最新的运作软件。

而这些直接影响着一个人完成目前工作的水平和未来发展的可能性。这里向读者们介绍一个理论：价值论。

价值论的提出者是哲学家罗伯特·哈特曼。"价值论"不能简单地被理解为"价值观"，它是一门哲学学说。价值论是关于价值的性质、构成、标准和评价的哲学学说。它考察和评价各种物质和精神的本质、现象，以及人们的行为对个人、阶级和社会的意义。它是集哲学、数学、逻辑学、社会伦理和审美概念于一体的学说。

我们不必执着于定义本身，可以直接用下表价值论的研究领域来理解价值论到底研究哪些方面的事情，以及它如何帮助我们在生涯管理的过程中强化自我觉察。

价值论的研究领域表

三个维度	两种价值观	
	我们如何看待世界	我们如何看待自己
人的层面	理解他人 （洞察他人特征的能力）	自我意识 （洞见自我特征的能力）
事的层面	实用性思维 （洞察外部世界实用性价值的能力）	角色意识 （洞见自我角色定位的能力）
系统层面	系统判断 （洞察外部世界系统和秩序的能力）	自我发展方向 （洞见自我体系和秩序的能力）

简单来说，价值论主要研究两种价值观：
（1）对外：一个人如何看待世界。

（2）对内：一个人如何看待自己。

而对以上每一种价值观的研究，又深入到三个层面：人、事和系统。

这样，以两种价值观为竖列，以三个层面为横行，我们就找到了价值论研究的六个维度（如上表所示）。而这六个维度可以帮助我们从深层理解一个人的"脑容量"，从而解开以下很多谜团：

（1）为什么有的人容易上当受骗？

（2）为什么有的人单看行为风格属于高 C 类型，应该关注细节，却经常丢三落四？

（3）为什么有的人在基层能把工作做好，一旦被提拔成了高管，虽然勤奋有加却仍然被老板认为不胜任或格局不够？

（4）为什么有的人在某个行业深耕 20 年一路顺风顺水，可是离开了熟悉的行业想大展拳脚的时候却处处碰壁？而另外一些人就算涉足了不熟悉的领域也能获得成功？

（5）为什么有的人看不到自己身上的问题和缺点？

（6）为什么有的人很珍惜一份工作或一段感情，却总不得要领？或者为什么明明想要却根本不想使劲，反而经常有种想逃离的冲动？

…………

以上这些问题的答案，可能与运气、能力等都有关，同时也能通过价值论体系看出端倪。

方法篇

既然是自我觉察，仍然离不开测评工具。以下这个测评工具以价值论为理论基础，可以从深层看到受测人对外部世界和内部自我认知的清晰程度。

测评结果是这样展现的：

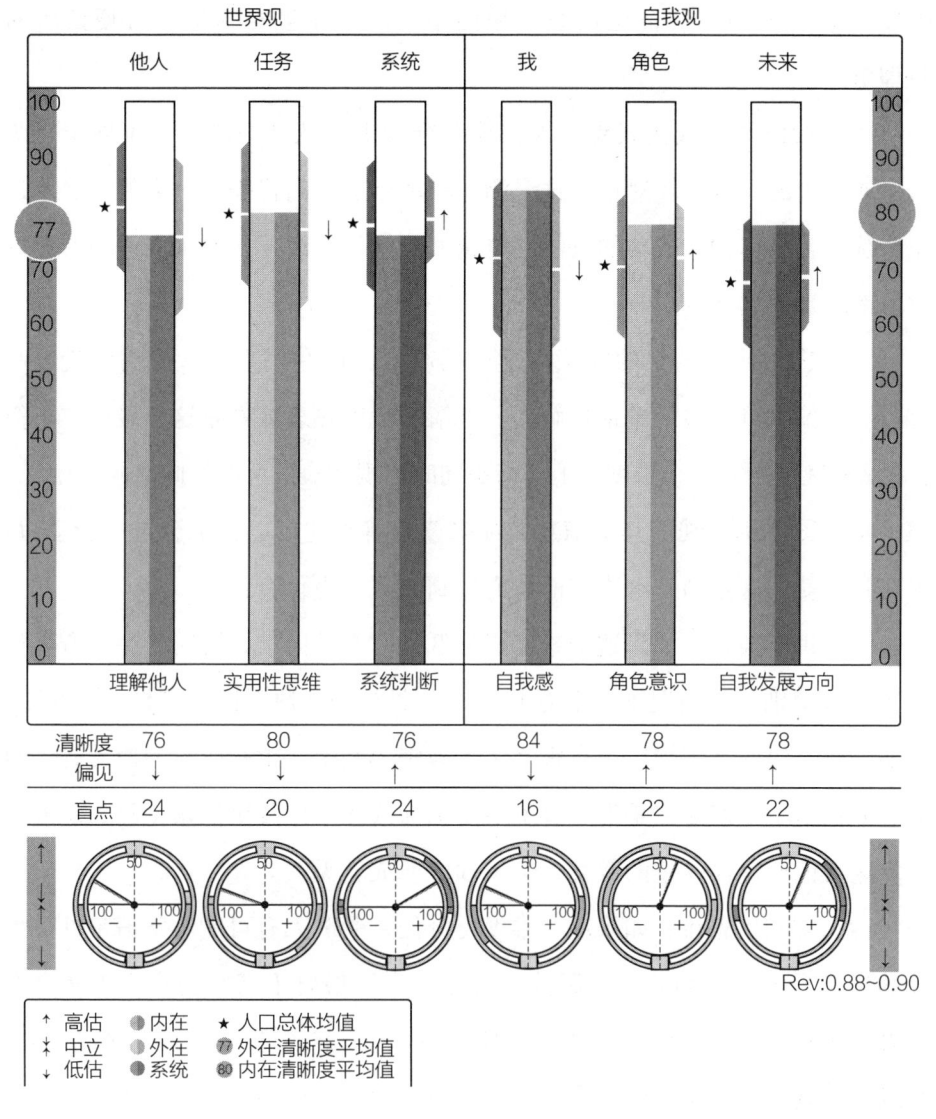

	世界观			自我观		
	他人	任务	系统	我	角色	未来
	理解他人	实用性思维	系统判断	自我感	角色意识	自我发展方向
清晰度	76	80	76	84	78	78
偏见	↓	↓	↑	↓	↑	↑
盲点	24	20	24	16	22	22

Rev:0.88~0.90

↑ 高估　●内在　★人口总体均值
↕ 中立　●外在　㊆外在清晰度平均值
↓ 低估　●系统　㊇内在清晰度平均值

多维度平衡报告

这个图的信息量很大，本书的目的不是要把各位读者变成理论专家，只是想告诉读者除了 DISC 模型，还有其他的工具能帮助我们从更深层实现自我觉察。这里只要简单抓住几个点：

（1）左边三项是关于世界观的三个维度，右边三项是自我观的三个

第三部分　高级领导篇　229

维度。它们分别与价值论研究领域图中的六个维度相对应，方便读者对照理解。

（2）数值的高低代表受测人在这个维度上的认知清晰度，不同于行为风格或动机的没有好坏对错，这个测评中清晰度越高代表一个人的"底层运作系统"容量越大，成功的可能性也越大。换句话说，在这个测评中所有的数值都是越高越好。

（3）影响认知结果的除了清晰度的高低，还有用上、下箭头所代表的"偏见"。偏见可以被简单地理解为：上箭头代表热衷或看重这个维度，下箭头代表疏离或看轻这个维度，上下箭头同时出现代表以上两种倾向同时存在。

至于图中所展现的其他信息，如果读者有兴趣可以找机会进一步学习。现在我们就用这张图来解决前面我们提到的那些为什么：

（1）理解他人：如果这个维度得分低同时箭头向上，说明受测人有可能在看不清楚别人的情况下还愿意和别人做朋友，这种人比较容易上当受骗。比如，在"保健品骗局"中有很多老人被骗，其中一个很明显的原因是，很多老人根本不知道对方是谁（看不清楚）却选择相信甚至依赖（箭头向上），而且这与他们过往受过的教育、学历和职业成就无关。

（2）实用性思维：如果这个维度得分低，受测人有可能看不清楚外部世界的任务、流程、细节、资源等，就算行为风格属于高 C 类型，仍然会在日常工作和生活中显得做事没有条理、不关注细节或是丢三落四。理想的高管或企业创始人是实用性思维分数高而箭头向下，他们能看清楚外部世界的具体事物，同时愿意授权，不会事无巨细什么都管。

（3）系统判断：如果这个维度得分低，受测人有可能无法理解政策、法规、制度和框架，他们可以做好基层或自己熟悉的工作，一旦来到高层或者离开了熟悉的行业，可能因为做不到高屋建瓴而影响绩效表现。理想的高管或企业创始人是系统判断分数高而箭头向上，他们能清楚地看到组织的目标和框架，同时理解和拥护组织中的大多数系统和规章制度。

（4）自我感：如果这个维度得分低，受测人很有可能没办法看清楚自己的优势和劣势；如果同时箭头向上，他很有可能听不进去别人的意见，自以为是甚至狂妄自大。这个维度是分数高而箭头向下为好，因为这一组合是清晰地知道自己的优劣势同时又足够谦虚的反映。

（5）角色意识：如果这个维度得分低，受测人有可能对工作或生活中的某些角色产生混淆，比如刚升职、失业、结婚、逝去亲人、为人父母等，都是角色有增加、缺失或混淆的场景，这时候很容易看不清楚自己的某个角色，或没有办法有效转换角色。如果箭头向上，可能想改善但不得要领；如果箭头向下，可能讨厌或抗拒自己的某种角色，甚至想逃离。很多的员工离职就是在这种状况下发生的。

（6）自我发展方向：如果这个维度得分低，受测人可能看不清楚自己未来的方向。如果同时箭头向上意味着就算看不清楚也满怀希望，而箭头向下则不仅看不清楚还心灰意冷。

以上的解释很明显没有包含所有的可能性，只是举了几个例子让读者了解价值论和实际工作生活场景之间的连接。

实践篇

现在我们回到开篇联合创始人的案例，以下是他的测评报告。读者们哪怕不了解这个工具，都可以凭以上认知看出问题之所在：

从这份报告中我们大概可以给这位联合创始人画出一张画像。他的认知优势在于：

能够看清楚别人的优劣势，同时与大多数人保持专业距离（理解他人：80↓）。

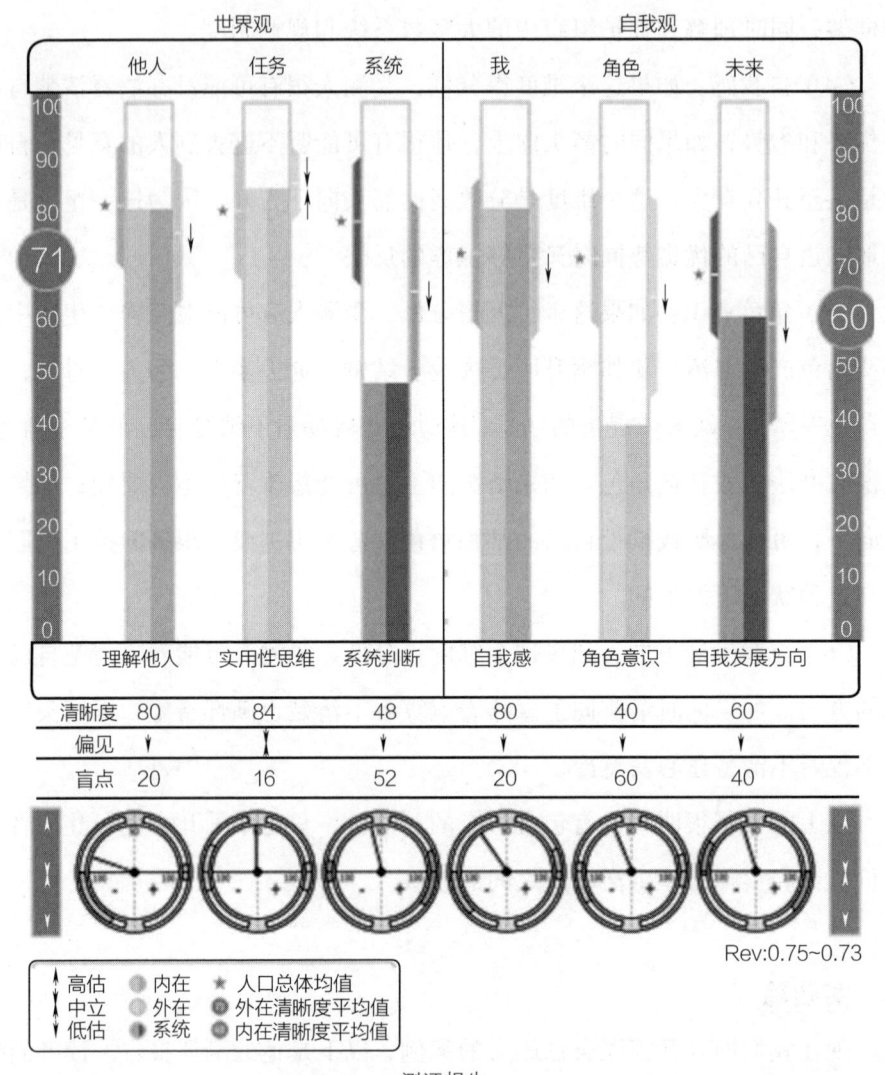

	世界观			自我观		
	他人	任务	系统	我	角色	未来
	理解他人	实用性思维	系统判断	自我感	角色意识	自我发展方向
清晰度	80	84	48	80	40	60
偏见	↓	↕	↓	↓	↓	↓
盲点	20	16	52	20	60	40

Rev:0.75~0.73

↑ 高估　● 内在　★ 人口总体均值
↕ 中立　● 外在　● 外在清晰度平均值
↓ 低估　● 系统　● 内在清晰度平均值

测评报告

可以清楚地了解工作环境中的任务、流程、细节等具体事物，结合他的高 C 行为风格，在认为没有风险的情况下他可能愿意授权一部分工作。同时，高 C 的风险意识有可能使他对另一部分工作亲力亲为，造成下属觉得他不够放手（实用性思维：84 ↑↓）。

他同时也非常清楚自己的优劣势，并且足够谦虚，或希望进一步提升自己（自我感：80↓）。

同时，他在以下方面展现出非常明显的认知局限：

看不清组织的目标、系统、结构和制度，重要的是也不愿意看清或者不愿意遵守（系统判断：48↓）。这一点结合高实用性思维（84）和高自我认知（80），在清楚知道自己的优劣势却无力改变的情况下，结合他的高C行为风格，就会揪着小事不放。

他不理解目前工作中或生活中的某些角色，并且不愿意理解甚至想逃离（角色意识：40↓）。但因为是企业创始人，不像普通员工辞职那么容易，会令到他在这个维度的困惑更明显。

以上面对角色的挣扎，加之他高S高C的行为风格，他很可能不习惯寻求周边人的帮助而是自己憋在心里，久而久之对于自己的未来产生了一些困惑和不确定，并且总体持悲观态度（自我发展方向：60↓）。

综上所述，这位联合创始人出现开篇大股东提到的那些状况，就一点都不奇怪了。

接下来的问题是怎么解决。通常涉及这样的生涯挑战都是很难解决的。这个案例当事人用了将近一年的时间来思考，这里很难用一两段话说清楚解决方案，但可以给读者们一些思路，大概从以下方向去思考。

关于工作和角色的现状：

（1）我和朋友一起创业的初衷是什么？现在这个初衷还在吗？

（2）作为组织核心高管团队的一员，我的职责是什么？

（3）组织发展到今天的规模，在组织目标、规则和系统方面与初创时最大的分别是什么？

（4）我是否认同以上组织的目标、规则和系统？如果认同，我能做什么来强化这些规则和系统对组织目标的影响？如果不认同，我该以什么样的方式表达我的看法？如果我的看法不被采纳，我该做什么以确保核心高管团队在员工和客户面前的一致性？

（5）工作（或生活）中的哪些角色使我不舒服？我必须要扮演这个角色吗？如果必须扮演这个角色，我将如何克服它带来的不舒适感？如果可以放弃这个角色，我会放弃吗？为什么？

关于未来，他还进行了如下思考：

（1）我希望自己未来的生活是什么样的？

（2）在那个理想的生活状态中，我是谁？我拥有什么？可以为别人带来什么？

（3）为什么以上身份和价值是我想要的？

（4）为了那一天的到来，我从现在开始可以做哪些准备？

以上每一个问题的背后，都是一连串的自我觉察，而且并不是每一个思考之后都有满意的结果。在这个案例中，当事人经过将近一年的思考，最终决定以投资人的身份保留股权，但退出日常运作。我们将在下一模块中介绍他是如何借助有关理论和工具完成这一思考过程的。

当然，如果他本人的意愿是继续留在公司参与日常运作，那下一步他要做的事情是打破认知壁垒、扩大脑容量、重新构建底层运作系统。这也是个人能力发展的一部分，但这个方向上的发展比我们谈能力模型时讲的发展要复杂得多，本书暂且不进一步探讨。

小贴士

本模块介绍的这个工具有点复杂，并且不适用于团队分析或课堂培训，而是针对个人疑难杂症的"猛药"。所以如果读者朋友们还不太能完全理解它背后的道理，也不必着急。

到此为止，一共介绍了四个测评工具，分别是脑（情商和认知体系）、心（动机）和手（行为风格），但测评只是手段不是目的，它的意义在于自我觉察，而之后如果没有后续行动，觉察本身就失去了意义。重要的是理解测评工具真正能解决什么问题，并最大化它给个人和组织带来的结果。

生涯转换：4S 理论助你一臂之力

痛点场景

40岁，对于一些行业的男性职场人好像也很不友好，他们通常会面对的职场焦虑主要集中在以下方面：

不论自己过往的职业生涯是风生水起还是平淡无奇，他们很多人都会觉得40岁是最后一次变化的机会。如果在40岁的时候没有什么明显的突破，就很难再突破了。

过往一帆风顺的多数都不满足现今已经取得的成就，而过往平平无奇的会多很多焦虑。他们可能会问自己一个问题：如果我想40岁有突破，那个突破点在哪里？

打工的纠结要不要创业，创业的总想做强做大，生涯遇到挑战的思考该不该转型，已经小有成就的探索更多的可能性……

压垮他们的最后一根稻草可能不是业务难题或资金短缺，而是某种关系：与各级管理部门的关系，合作伙伴间的关系，与顶头上司和总部领导的关系，甚至夫妻、亲子、兄弟、父母等各种家庭关系。

生涯突破少不了不断学习新东西，他们当中很多人在读MBA（工商管理硕士）、EMBA（高级工商管理硕士）甚至DBA（工商管理博士）。但读着读着才发现，疲于奔命的人生根本来不及停下来做学问。

在国际大公司工作的高管们还面临着另外一个难题：跨国调派。年轻的时候巴不得有各种调派的机会，因为那是成长、是开眼界、是见世面；而在快40岁的年纪面对调派，更多的是职业和家庭的双重不确定性。他们一遍遍地问自己：值吗？

…………

理论篇

不仅40岁的人生会面对生涯转换的问题，我们在不同的人生阶段都可能有类似的思考。以下这个"生涯转换4S理论"是职业生涯规划师南希提出来的：她认为生涯转换是成年人必须要面对的重要课题。每个人的生涯转换都是独一无二的，它会对个体在角色、关系、习惯等一系列事情上产生不同程度的影响。

她认为生涯转换通常由以下四类因素引起：

（1）预期中的事件：比如毕业、升职、结婚、退休等。

（2）非预期的事件：比如被动的转岗或被裁员。

（3）长期解决不了的困扰：比如薪资待遇、上下级关系、太频繁外派或出差等。

（4）不如愿的期待：得不到想要的岗位、晋升甚至不能如愿离职等。

基于以上四类生涯转换的触发因素，提出了"生涯转换4S理论"：

Situation（情境）：当时的状况、严重程度、持续时间以及情况是否可控等。

Self（自我）：当事人面对以上情况的经验、技巧和期待。

Supports（支持）：当事人能从周边环境中获得哪些支持。

Strategy（策略）：当事人有没有具体的行动意愿、发展计划、可能的负面影响及应对措施。

方法篇

"生涯转换4S理论"就是一个人面对生涯转换的时候，从4S的角度完成一系列的思考并得出结论。以下就来拆解到底每个角度可以进行哪些思考：

1. 情境

生涯转换通常是由特定的情境触发，也就是我们在前文中指出的预期或非预期的事件、长期的困扰和得不到的期待。在这方面职场人可以思考：

（1）目前的状况持续多久了？有多严重？

（2）它对我的角色、各种关系、生活习惯等造成了多大程度的影响？

（3）我可以控制这些影响吗？

（4）现在做转变是个好时候吗？如果不是，我还有其他选择吗？

（5）如果是个好时候，我预计转换之后的新状况是我要的吗？它能持续多久？

（6）现阶段除了以上可能发生的生涯转换，还有哪些变化会同时出现？

（7）我有时间和精力分配在不同的变化情境上吗？

2. 自我

对于所有的生涯转换来讲，当事人的个人能力、优势和经验是决定最终能否成功的关键要素。在这方面需要思考：

（1）我的职业目标是什么？我的价值观体系如何影响职业目标的达成？

（2）我有哪些优缺点？

（3）我比较相信"我命由我定"还是"我命天注定"？这一信念如何影响到我过往的生涯转换？

（4）我如何评价自己与职业选择相关的各项能力（比如决策能力、适应能力、抗压能力），以及行为特质（比如偏果断自信还是偏考虑周全）？

（5）我有没有面对类似情境的经验？

3. 支持

顾名思义，就是在生涯转换的过程中当事人能够找到来自哪些方面的支持。可以从以下角度思考：

（1）我的家人如何看待我面对的生涯转换？他们能提供怎样的支持和帮助？

（2）我的朋友和其他社会关系中有人能给我帮助吗？

（3）如果在一个特定的生涯转换过程中需要金钱或其他物质资源，我有足够的储备或能找到相应的支持吗？

（4）市场上有没有一些服务机构能给到我专业意见？

4. 策略

所谓策略，不仅包含想法和实施想法的意愿，更包含具体的行动计划。可以从以下方向思考：

（1）在目前的状况中我面对哪些困难和挑战，同时有什么潜在的机会和好处？

（2）前面我想到了很多外部的资源，我有哪些内在的资源可以进一步开发？

（3）走出现状的方案有哪些？还有没有其他的可选方案？

（4）如果我已经想到了所有的可能性，那下一步如何选出最佳方案？有哪些必须满足和最好能满足的需求应该被考虑？

（5）由此得出的最佳方案是什么？

（6）在选定一个方案之后，我下一步要采取哪些行动？这些行动的具体实施步骤和完成时间如何？

实践篇

生涯转换是个系统工程，用整本书的篇幅也未必能讲清楚。这里我们用一个例子来简单介绍以上"生涯转换4S理论"如何帮助一个面对生涯困扰的职场人。

在前文突破极限模块我们认识了一位最终离开企业日常运作的联合创始人。其实做出这一决定对他本人来讲是个漫长而痛苦的过程，好在"生涯转换4S理论"在他最迷茫的时候提供了有效的思路和方法。

1. 情境

首先是他当时所面对的情境：

（1）当时企业已经保持了几年的高速增长，大家在欣喜之余也明显感觉到以前的组织系统没有办法支撑越来越大的企业规模。

（2）在建立新系统的过程中，他明显感觉到自己有点力不从心：很想使劲却始终不得要领。

（3）他并不完全同意其他两位创始人，特别是大股东的一些看法，但他又不知道好的做法是什么，所以也没有办法给出自己的建议。

（4）这种状况大概持续了半年，他明显感觉到另外两位创始人对他产生了不满意和不信任。

（5）他很想开诚布公地谈谈自己的困扰，却又不知道从何谈起，就一直拖着，反而可能让他们觉得他越来越懈怠。

（6）无论如何，他是创始人之一，他也非常希望能在组织发展壮大的过程中作出自己的贡献。但由于很难参与系统的建立，他只好在自己负责的范畴内越抓越细，引起了下属的不满。

（7）面对这样的处境，他觉得自己越来越没有办法掌控局面，也对未来越来越没有信心。

2. 自我

说到对自己的了解，他对自己的能力、优势和经验还是有比较清晰的了解的：

他不是一个执着的人。并不是不上进，而是他一直觉得人生的很多成就都是水到渠成的事，他愿意付出努力，但不必强求。

几年前合伙做生意，他也是被那两位朋友拉进来的。扪心自问，如果当年让他自己创业，他可能还真没有那么大的勇气。

他觉得自己最大的优点是：不论对人还是对事，他都能观察到可能被别人忽略的细节，他在工作和生活中一直以沉稳和有效的风险把控著称，并力求凡事做到完美。

当然他也非常清楚地知道自己的缺点在哪里：有些时候因为习惯看东西看得太细，反而会因小失大。另外，他是个不擅长表达的人，这使他失去了很多影响别人的机会。比起另外两个合作伙伴，他永远是最后一个采取行动的。

说到过往的生涯转换经验，他换过两次工作：第一次是因为前老板跳槽把他带到了新公司，第二次就是被朋友拉着一起创业。在咨询顾问的启发下他才发现：两次生涯转换都不是他自己主动提出的。

当然，他感觉虽然生涯转换的决策不是自己做的，但两次过渡都很平稳，他也能很快适应。

3. 支持

至于支持，这也是他在整个思考的过程中感觉到最无力的部分：

他很想得到两位合作伙伴的帮助，但他习惯性地选择把想法憋在心里，从来都没跟他俩谈过。

有时候他也会做一些假设：他担心他们可能既没办法赶他走，也不愿意留他。所以他也不知道该如何开口跟他们分享自己的困扰。

他的朋友不多，但有一个非常好的朋友。当时他出来创业，朋友其实是投反对票的，他想再跟朋友谈谈现在的处境。

他认识一个咨询顾问，本来那个顾问是帮助他们公司做领导力咨询的，后来大家熟了，他就自费请顾问做了他的职业生涯教练。他觉得这件事也可以向顾问请教。

4. 策略

说到策略，他是一个决策过程中会思前想后的人，所以做决策的速度并不是他的优势，但决策之前的各种风险把控和决策之后完整具体的行动步骤是他的强项。

他觉得自己目前遇到最大的困难是对现有工作环境的抗拒。这一抗拒心理导致工作无法开展，结果也不好。长此以往形成恶性循环。

至于"危"中是否有"机"，他觉得目前的工作中看不到。如果一定要说有什么机会，反而是另外两位合伙人的日渐不满可能促成他最终决定离开。

其实离开未尝不是一个好的选择：他的专业很强，在过往的工作经历中他也一直很享受带领一个小的项目团队实现一项具体的工作目标的成就感。他越来越觉得业务领导的角色比公司老板的角色更适合他。

当然他也可以在现在的公司里面做业务领导，但可能另外两位股东对他的期待不止于此，而且在员工面前如果他从老板变成了项目经理，他自己觉得不光彩。

如果离开现在的环境，他可以选择自立门户，但以他的了解，自己始终不是一个热衷于创业或自己做老板的人。当然他也可以选择一家能够用到他专业优势的企业继续他的职业生涯。

无论如何，最近几年的创业经历强化了他对自己的认知，那就是不论做什么都不能离开自己擅长的专业。

以上是他在离开公司之前，根据"生涯转换4S理论"进行的大部分思考。到此为止他并没有完成生涯转换最后一个S：下一步方案和采取行动。在当时的环境中，他的阶段性选择就是走还是留，最终他选择了离开企业日常运营并保留股东身份。

当然这个故事还有后续的几次生涯转换，过程中本章内容所涉及的几个自我认知工具和生涯转换理论都对他有所帮助。

小贴士

从上面的故事中我们可以看到生涯转换理论的几个重要假设：

（1）我们每个人的人生都是在不断改变和持续转换过程中向前推进的。

（2）生涯转换其实就是我们在生涯中的角色、关系或习惯做的事情发生了变化。

（3）生涯转换会对当事人造成不同程度的影响，这些影响可以是正面也可以是负面的。

（4）一个人有效应对改变和转换的能力，与他的成功密切相关。

每个人的一生都由一连串的改变组成，本书的大框架"初级—中级—高级"领导角色的转变正是大多数领导曾经或将要面对的生涯转换。读者可能会问："既然我们的人生总是要面对改变和转换，而有效应对会令转换更顺利、人生也更成功，那我可以如何提升自己应对转换的能力呢？"

这个问题的答案刚好也可以看成从4S的角度对本书做一个概括性的总结：

情景：知识性的学习和对前人经验的借鉴可以帮助我们看清每一个人生阶段所面对的困扰，更好地面对未来的机遇和挑战。对未来的规划越清晰可控，内心的不确定性就越少或越容易得到平复。

自我：本书的大部分篇幅都在帮助领导者提升领导能力，因为能力的提升可以帮助我们面对更复杂的业务难题或未来的不确定

第三部分　高级领导篇

性。当然领导力也不是包治百病的良药，所以本书还介绍了自我认知的测评工具，就算我们不是领导，清晰的自我认知也可以帮助读者在设立目标之前，先明确自己的位置。

支持：当我们变成更好的自己之后，职业环境中的各种支持也会随之而来。当然本书没有太多谈到家庭的支持，但来自亲人的支持绝对是我们最重要的能量来源之一，不论面对生涯挑战还是在一生中的任何阶段。

策略：千里之行始于足下，想法再多再清楚如果不采取行动就很难获得成功。所以本书每一模块的"工具篇"和"实践篇"都在展示具体的做法及其应用。